Führung und Wertschöpfung

Christoph Schlachte · Stephan Lobodda

Führung und Wertschöpfung

Resonanz erzeugen, innovativ sein,
zukunftsfähig bleiben

Christoph Schlachte
Burgthann, Deutschland

Stephan Lobodda
Nürnberg, Deutschland

ISBN 978-3-658-15653-4   ISBN 978-3-658-15654-1   (eBook)
DOI 10.1007/978-3-658-15654-1

Die Deutsche Nationalbibliothek verzeichnet diese Publikation in der Deutschen National-
bibliografie; detaillierte bibliografische Daten sind im Internet über http://dnb.d-nb.de abrufbar.

Springer Gabler
© Springer Fachmedien Wiesbaden GmbH 2017

Gedruckt auf säurefreiem und chlorfrei gebleichtem Papier

Springer Gabler ist Teil von Springer Nature
Die eingetragene Gesellschaft ist Springer Fachmedien Wiesbaden GmbH
Die Anschrift der Gesellschaft ist: Abraham-Lincoln-Str. 46, 65189 Wiesbaden, Germany

Vorwort

Warum wird ein weiteres Buch über Führung benötigt? Was ist an diesem Buch anders? In der Literatur gibt es gefühlt unzählige Titel zu diesem Thema. Kaum eine andere Disziplin im Management ist weiter erschlossen als das „bestmögliche" Führungsverhalten. Weshalb haben wir uns entschlossen, noch etwas dazu zu schreiben?

Vielleicht kennen Sie Organisationen, die immer wieder mit folgenden Problemen zu tun haben?

- Machtkämpfe
- Geringe Motivation
- Viel Bürokratie
- Unklare Entscheidungswege und Entscheidungsstau
- Angst vor dem Chef
- Ineffiziente Meetings
- Fehlende Innovationsideen
- Ständige Veränderungsprozesse
- Ablenkender Buschfunk und Kungeleien

Uns begegnen in der Praxis solche Organisationen immer wieder. Wir entdeckten, dass diese Organisationen auf dem Weg Ihres Erfolgs, sonst wären sie nicht mehr im Markt, etwas ganz Wesentliches aus dem Fokus verlieren. Das, was verloren geht, lässt sich jedoch wieder entwickeln und beleben. Davon sind wir überzeugt.

Die Voraussetzung dafür ist, dass diese Organisationen dies auch wollen!

Falls Sie ähnliche Problemstellungen haben, kann Ihnen dieses Buch Lösungsmöglichkeiten liefern, Sie inspirieren und Freude beim Ausprobieren bereiten.

Wir sehen einen großen „blinden Fleck", was den Hauptzweck von Unternehmen angeht. Dadurch entstehen zahlreiche Probleme mit negativen Auswirkungen für Kunden, Geschäftspartner, die Gesellschaft und natürlich auch für Mitarbeiter, Führungskräfte und Geschäftsführung. Das heißt, es gibt etwas, von dem man nicht einmal merkt, dass man es nicht sieht. Wir sind davon überzeugt, dass die blinden Flecke von Führung, nämlich die Ausrichtung der Organisation auf Profit und Wachstum, die Hauptzwecke sind. Das geschieht jedoch in einem fließenden und unbewussten Prozess. Da es ein „blinder Fleck" ist, ist es als solches dementsprechend sehr schwer wahrzunehmen und zu verstehen. Jetzt stellt sich die Frage: Wie kommt es dazu? Das war ja nicht immer so.

Der Sinn von Organisationen

So gut wie jede Organisation, die erfolgreich startet, verbessert sie ganz bewusst in der Welt des Kunden etwas. Die Organisation stiftet durch ihr Tun einen Nutzen. Sie ergibt Sinn. Sie hat eine Mission, die es sie erfüllen will. Diese bietet intern und extern Orientierung. Sie setzt sich für etwas ganz Besonderes ein. Gelingt das, dann finden sich Kunden, die das honorieren. Erste Mitarbeiter werden auch über diesen Geschäftsgrund gewonnen. Mitarbeiter finden die Mission spannend und wollen dabei mitmachen. Am Anfang steht nicht der wirtschaftliche Erfolg im Fokus, sondern der gute Grund, warum die Organisation gegründet wurde. Selbstverständlich will man als Organisation damit auch wirtschaftlich erfolgreich sein. All das schafft eine gemeinsame Ausrichtung, liefert Orientierung und ist die Basis für intrinsische Motivation und Engagement in der Sache.

Unternehmen müssen natürlich wirtschaftlich erfolgreich sein. Sie brauchen Gewinne. Gewinne entstehen jedoch als Folge wirtschaftlichen Handelns und weil der gute Grund der Organisation einen Markt hat.

Irgendwann in der weiteren erfolgreichen Entwicklung der Organisation passiert etwas Merkwürdiges: Die Organisation wächst. Es werden mehr Menschen eingestellt und Managementhierarchien entstehen. Wirtschaftliche Fragestellungen rücken in den Mittelpunkt. Diese sind unbestritten wichtig. Doch dann findet plötzlich ein Wechsel der Perspektive statt. Irgendwann stehen Profit und Wachstum im Vordergrund der Betrachtung des Managements. Der gute Grund der Organisation gerät in den Hintergrund. Die sinnstiftende und gelebte Mission für den internen und externen Kontext zieht immer weniger.

Dafür spielen die wirtschaftlichen Sachzwänge im Alltag die Hauptrolle. Die Mission gibt es, wenn überhaupt, nur noch im Marketing und Vertrieb. Die

Leitbilder sind nur noch Schaubilder nach außen und dokumentieren, wie man gerne zusammenarbeiten würde. In wichtigen Entscheidungen im Arbeitsalltag zählen die Themen Profit und Wachstum. Raum und Zeit für Reflexion fehlen. Dieses Phänomen nennen wir einen großen blinden Fleck. Denn dieser Wechsel verläuft unbewusst. Die Folgen werden an anderer Stelle als Symptome sichtbar. Kaum Verbesserungsvorschläge und Innovationsideen von innen, Dienst nach Vorschrift, usw. Es wird oft mit teuren Maßnahmen vergeblich versucht, die Symptome nachhaltig in den Griff zu bekommen. Aus unserer Sicht ist dies wenig erfolgversprechend, denn: Ein ganz großer Stellhebel von Führung wurde aufgegeben. Die Mission ist nicht mehr mit dem guten und sinnstiftenden Grund besetzt, sondern mit den erwünschten Folgen des guten Geschäftsgrundes, der Unternehmensmission.

Das verursacht Paradoxien. Jeder Mitarbeiter, Partner und Kunde denkt sich nun seinen eigenen Teil, warum es die Organisation gibt. So kann natürlich nicht an einem Strang gezogen werden. Um dies zu verändern, muss man die Ursache anpacken und nicht nur an den Symptomen arbeiten.

Wir glauben: Wenn es um das Thema Führung geht, wird bei der Frage nach Wertschöpfung für Mitarbeiter, Kunden und Gesellschaft sehr viel Potenzial verschenkt. Wofür, warum und für wen soll es Wertschöpfung geben? Sinn und Resonanz erzeugen Anziehung und Motivation!

Den Titel *Führung und Wertschöpfung* haben wir gewählt, da aus den beiden Worten der Unterschied zwischen außergewöhnlichen und durchschnittlichen Unternehmen abgeleitet werden kann. Wertschöpfende Führung beinhaltet Wertschöpfung als Unternehmenszweck. Warum gibt es Ihre Organisation? Um einfach nur Geld zu verdienen? Oder um Ihren Kunden einen Mehrwert zu liefern, den dieser mit einem Gegenwert entlohnt. Das Wort *Wert* ist zentrales Element.

Wir möchten Sie anregen, sich bewusst Gedanken zu machen, welchen Nutzen und Mehrwert Sie Ihren Kunden liefern und weshalb es Ihr Unternehmen überhaupt gibt – die Sinnfrage. Ist diese beantwortet, haben auch alle Mitarbeiter Orientierung. Für was gehen wir jeden Tag zur Arbeit? Nur um Geld zu verdienen? Oder soll unsere Arbeit einen Sinn haben und Mehrwert bieten?

Wir befinden uns in einer sehr großen Umbruchsituation. Die Welt der klaren und berechenbaren Strukturen und Märkte ist nicht mehr vorhanden. Dynamik und Komplexität bestimmen zunehmend unseren Alltag. So kann es auch nicht eine starre Methode „Führung" oder „Organisation" geben, die alle Zeit und für alle Situationen ohne unerwünschte Aus- und Nebenwirkungen funktioniert. Wertschöpfung entsteht in der Organisation für den Kunden im Rahmen einer Unternehmensmission.

Es ändern sich die Rahmenbedingungen, z. B. durch gesetzliche Vorgaben oder durch technische Erneuerungen bzw. Innovationen. Dann kann es sein, dass ein bisher funktionierendes Wertschöpfungsmodell nicht mehr funktioniert. Hier ist auch Führung für Wertschöpfung gefragt. Es ist wichtig, immer den Daumen am Puls der Zeit zu haben, um handeln zu können, um Wertschöpfungsprozesse und Ergebnisse zu überprüfen, zu verändern oder neu zu gestalten. Das ist ein weiterer Grund, dass viele Menschen in der Organisation wachsam für Veränderungen sein müssen und in dem Sinne „führen" – statt nur die Führungskräfte an der Spitze, bzw. in der Zentrale.

Geschäftsmodelle und Geschäftsvorteile sind von begrenzter Dauer. Das war zwar schon immer so, aber wir sehen eine exponentielle Zunahme dieser Entwicklung. In kürzester Zeit verschwinden Weltmarktführer mit scheinbar grenzenloser Marktmacht in die Bedeutungslosigkeit. Der Absturz von Nokia ist ein bitteres Beispiel dafür. Mit fortschreitender technischer Entwicklung und sich schnell änderndem Konsumverhalten kann sich kein Unternehmen mehr in Sicherheit wägen. Was werden die Folgen von Elektromobilität, selbstfahrenden Autos, von Industrie 4.0, von fiskalpolitischen Entwicklungen etc. sein?

Verbesserungen und Innovationen werden und müssen ständig hervorgebracht werden. Dazu sind die gegenwärtigen Organisationsmodelle nicht geschaffen. Sie sind zu starr und langsam.

„Command-and-control" aus einer superintelligenten Zentrale heraus funktioniert mit der Dynamik und Komplexität nicht mehr. Früher war diese Steuerung ein Muss, da die Mitarbeiter wenig Schul- und Fachausbildung mitgebracht haben. Auch waren die Märkte überschaubar. Die meisten Mitarbeiter sind heute fachlich und sozial hervorragend ausgebildet. Die Märkte sind heute komplex und dynamisch. Führung muss die Märkte und deren Entwicklung im Blick haben. Damit sind nicht nur die traditionellen Führungskräfte in der Linie gemeint; mehr Mitarbeiter müssen über Ihre Aufgaben und Verantwortlichkeiten im Sinne der Unternehmensmission führen.

Uns geht es im Kern darum, wie man in der heutigen Zeit mit der Dynamik und Komplexität ein Unternehmen wertschöpfend und zukunftsweisend führt. Wie Mitarbeiter vom Dienst nach Vorschrift wieder zu dem Spirit eines Start-ups kommen. Wie wieder Lust entsteht, Ziele zu erreichen und wertschöpfend tätig zu sein. Wie man von einer defizitorientierten Organisationskultur, in der es ständig um Probleme geht, wieder zu einer Gewinnermentalität kommt. Wie man wirtschaftlich erfolgreich ist, indem man gesellschaftlichen Mehrwert bietet. Wie die Arbeit für die Unternehmensmission und für die Wertschöpfung wieder in den Mittelpunkt kommt. Wie man Komplexität und Dynamik handhaben kann.

Sie profitieren daher als Geschäftsführung, Bereichsleitung, Führungskraft und auch als Berater von diesem Buch, wenn Sie spüren, dass die aktuelle Situation in Ihrer Organisation diesbezüglich eine wirklich substanzielle Veränderung braucht.

Die gelebten Werte Ihrer Organisation bestimmen die Zusammenarbeit. Sie sind Maßstab für Ihre Führungskräfte und Leitlinien für das Miteinander im Unternehmen. Mit dem Wort Führung meinen wir sowohl die Ausrichtung des Unternehmens als auch das konkrete Verhalten und die Haltung nicht nur der Geschäftsführung und der Führungskräfte sondern aller Mitarbeiter. Entscheidend dafür ist in normalen Organisationen das tägliche Handeln der Geschäftsführung. Diese beklagt sich häufig darüber, dass ohne sie in der Organisation nichts läuft. Es ist zwar Engagement da, aber die entscheidenden Impulse kommen nicht aus der eigenen Mannschaft. Unternehmerisches Mitdenken und vor allem Handeln im Alltag sind in der Belegschaft zu wenig vorhanden.

Von den Mitarbeitern hingegen hören wir oft: „Bei uns läuft es am besten, wenn der Chef im Urlaub ist." Diesen Satz haben wir in unserer Arbeit mit Teams so oder ähnlich dutzende Male vernommen. Welchen Mehrwert bieten diese Führungskräfte ihren Teams? Obwohl auch diese sicher eine positive Intention haben – und sie jeden Monat vom Unternehmen entlohnt werden – ist ihr Beitrag zur Wertschöpfung unklar.

In den folgenden Kapiteln möchten wir Ihnen Anregungen liefern, wie Sie die Organisation zu mehr Wertschöpfung ausrichten können und gleichzeitig mit selbstverantwortlichen, motivierten Menschen in effizienten Teams arbeiten. Führung wird nicht nur von den „normalen" Führungskräften übernommen, sondern von mehr Mitarbeitern im Kontext ihrer Aufgaben und Verantwortlichkeiten. Denken, Handeln und innovativ sein, im Sinne Ihrer Ziele und mit dem Wissen über Wertschöpfung in ihrem Geschäftsmodell. Führung findet daher überall statt, nicht nur in der Zentrale. Wäre es nicht ein gutes Gefühl mit zufriedenen und mitdenkenden sowie auch handelnden Mitarbeitern wirtschaftlich erfolgreich zu sein?

Zu den einzelnen Kapiteln finden Sie Zusammenfassungen, Checklisten und praktische Tipps. Diese laden Sie anhand von konkreten Fragestellungen dazu ein, etwas für Ihre Organisation, Ihren Bereich oder Ihr Team zu tun. Machen Sie Erfahrungen und reflektieren Sie gemeinsam mit Ihrem Team Texte, Thesen und praktische Fragestellungen. Es ist uns wichtig, dass Sie möglichst viele Handlungsoptionen entwickeln. Manches auch verwerfen. Es gibt nicht die „Führung" oder die „Organisationsform" die immer passt; doch es gibt Chancen, am Ball zu bleiben.

Übersicht

Das erste Kapitel *Wirksame Führung für Wertschöpfung braucht Ausrichtung* geht gezielt auf den Zusammenhang von gelebter und einzigartiger Unternehmensmission, Vision und Werte auf ihren wirtschaftlichen Erfolg ein. Sie erfahren auch von Unternehmen, was es für Sie als Geschäftsführung bedeutet, wenn Sie nur „Profit" machen wollen. Was bedeutet es für Sie, wenn Sie mit Ihrer Mission, die Welt Ihres Kunden zu einer besseren Welt machen? Was bedeutet es für Sie, wenn Sie Ihre Organisation nach Ihrer Mission, Vision und Werten ausrichten? Wenn das der Rahmen hinsichtlich Führung für Wertschöpfung ist?

Das zweite Kapitel *Mehr Führung für Wertschöpfung statt nur Management* präsentiert die veränderten Rahmenbedingungen, die sich im 21. Jahrhundert ergeben haben. Es zeigt unterschiedliche Organisationsformen in der zeitlichen Entwicklung auf. Dazu geht es auf den Unterschied von Management und Führung vor dem Kontext von Organisationsformen ein. Aktuelle Entwicklungen wie die weitere Digitalisierung werden ebenfalls diskutiert. Es soll Ihnen ermöglichen, Ihr Geschäftsmodell und damit die strategische Ausrichtung Ihrer Organisation zu hinterfragen und anzupassen. Führung für Wertschöpfung denkt in Geschäftsmodellen und handelt kooperativ in einem dynamischen Umfeld. Innovationsfähigkeit ist ein zentrales Thema.

Im dritten Kapitel *Haltung von Führungskräften für mehr Wertschöpfung* gehen wir der Frage nach, welche Haltung notwendig ist, um sich als Führungskraft wertschöpfend zu verhalten.

Im vierten Kapitel *Voraussetzungen für wertschöpfende Zusammenarbeit* geht es um die Bedingungen für Erfolg. Nicht nur eine wertschätzende Haltung, sondern auch die Möglichkeiten wirksam für sinnvolle Ziele zu handeln, sind wichtig. Erfolg haben zu können und zu haben erzeugt Zufriedenheit.

Im fünften Kapitel *Instrumente und Methoden für mehr wertschöpfende Führung* finden Sie konkrete Handlungsanleitungen, um in die konkrete Umsetzung für mehr Wertschöpfung zu kommen. Diese Werkzeuge kommentieren wir aus interner Personal-, Organisationsentwicklungs- und Beratungssicht. Worauf muss geachtet werden, dass diese Werkzeuge nachhaltig funktionieren?

Das letzte Kapitel beschäftigt sich mit dem Ausblick auf weitere mögliche Entwicklungen zu „Führung für Wertschöpfung für Mitarbeiter, Kunden und Gesellschaft". Wir zeigen Tendenzen und Perspektiven auf, die wir für wichtig erachten und laden Sie ein, Ihre Meinung dazu mit uns zu teilen. Wir möchten gerne mit Ihnen in den Dialog kommen. (www.wertschöpfendeführung.de).

Wir möchten Sie dafür gewinnen, aktiv zu werden, um Organisationen fit für die Zukunft zu machen. Dazu eine Anmerkung von unserer Seite: Das sind keine leichten Schritte. Keine Lösung erfolgt ohne Preis. Aber machen Sie sich keine Sorge: Es kostet nicht übermäßig viel zusätzliche Zeit oder gar Unsummen von Geld.

Dennoch verlangen Sie allen Beteiligten einiges ab: Alte Denk- und Verhaltensmuster müssen überdacht und größtenteils abgelegt werden. Neue Denk- und Verhaltensmuster müssen erlernt werden. Handlungskompetenzen müssen erworben werden. Das kostet Kraft und Energie. Positive Energien können Sie aus Ihrem bestmöglichen Zukunftsbild schöpfen und aus jeder Lernerfahrung auf Ihrem Weg. Zukunftsfähig sein, heißt neugierig, offen und lernbegeistert zu sein. Damit meistern Sie mit Ihrer Organisation Komplexität und Dynamik.

Es gibt keine „Führung" oder „Organisationsform", die immer allem und vor allem ohne Probleme gerecht wird. Es bedeutet auf der einen Seite, sich einer Sache zu verpflichten mit dem Wissen, dass diese Sache auch Aus- und Nebenwirkungen haben wird. Diese werden vielleicht erst später sicht- und spürbar. Organisationen und ihr Umfeld sind komplex. Daher braucht es eine wachsame Haltung, die die internen und externen Situationen im Blick hat und wahrgenommene Veränderungen und Spannungen konstruktiv in die Kommunikation einbringt und handlungsfähig im Sinne der Ziele ist.

Aber der Einsatz lohnt sich in jedem Fall für alle Beteiligten und vielleicht kann es nur besser werden?!

Für manche Organisationen mag das Zitat von Georg Christoph Lichtenberg zutreffen: „Ich kann freilich nicht sagen, ob es besser wird, wenn es anders wird, aber so viel kann ich sagen: Es muss anders werden, wenn es gut werden soll."

Wir danken besonders unserem Berater-Kollegen Martin Walgenbach für die aktive Unterstützung und sein Feedback bei der Manuskript-Erstellung.

Wir danken Niels Pfläging für die Erlaubnis, auf seine Grafiken und Ideen zurückzugreifen. Wir danken den Berater-Kollegen Frank Fäder, Martin Bersem, Niels Pfläging und Olaf Hinz für Gespräche, Austausch und Dialog zu den Themen Führung und Organisation.

Wir sind neugierig auf Ihr Feedback zu Ihren Erfahrungen. Schreiben Sie uns und profitieren Sie von anderen Erfahrungen. Unsere Mission mit dem Buch ist es, mehr nachhaltige, wertschöpfende und erfolgreiche Organisationen auf den Weg zu bringen, die alle Stakeholdern durch einen Nutzen zufrieden macht.

Link: www.wertschöpfendeführung.de oder www.wertschoepfendefuehrung.de

Nürnberg, Deutschland   Stephan Lobodda
Burgthann (bei Nürnberg), Deutschland   Christoph Schlachte

Inhaltsverzeichnis

Wirksame Führung für Wertschöpfung braucht Ausrichtung

1

Zusammenfassung

Führung ohne klare Ausrichtung an einer gelebten und sinnvollen Unternehmensmission und -vision ist wie Segeln ohne Wind. Es ist kraft- und richtungslos. Es erzeugt keine sinnvolle Resonanz. Weder intern noch außerhalb der Organisation. Das ist ein sehr starker Wettbewerbsnachteil.

Eine sinnvolle Unternehmensmission (purpose), -vision und -werte bilden den wesentlichen Rahmen einer Organisation. Wirksame wertschöpfende Führung orientiert sich an diesem Rahmen und nicht an beliebigen Werten und Zielen. Dieser Rahmen bietet Ausrichtung, Sinn und Nutzenversprechen. Für Mitarbeiter und auch für Geschäftspartner, Kunden und Gesellschaft. Alle Stakeholder profitieren von der Wertschöpfung.

Organisationen, die ihre Mission mit wertschöpfender Führung transparent im Fokus halten, sind wirtschaftlich überaus erfolgreich. Intern und extern wächst das Vertrauen in diese Organisation. Mitarbeiter sind engagiert und liefern Ideen für mehr Produktivität und Innovation. Dieses belastbare Vertrauen ist ein klarer Wettbewerbsvorteil.

Ziel dieses Kapitels ist es, Ihnen als Vorstand, Geschäftsführer, Entscheidungs-, Leistungsträger oder als Berater deutlich aufzuzeigen, welche Folgen eine unklare Unternehmensmission hat. Dann finden Sie konkrete Wege, wie Sie Ihre Organisation wieder mehr fokussieren und erkennbar im Markt machen. Doch Vorsicht, das ist Arbeit! Es kostet Mut und Kraft. Es gibt keine Garantie. Es ist echte Führung gefragt.

© Springer Fachmedien Wiesbaden GmbH 2017
C. Schlachte und S. Lobodda, *Führung und Wertschöpfung*,
DOI 10.1007/978-3-658-15654-1_1

1.1 Der blinde Fleck oder am Start von Organisationen gab es eine sinnvolle Mission

Zu Beginn hat der Gründer eine Geschäftsidee. Einen guten Grund, was in der Welt der Kunden verbessert werden soll. Dann gibt es die Hoffnung und das Ziel, einen ersten Kunden für sich zu gewinnen. Das geschieht, wenn der Wunschkunde den guten Grund nachvollziehen kann und einen Nutzen, also einen Vorteil, für sich erkennt. Erste Mitarbeiter werden in der Regel auch über den Geschäftsgrund gewonnen – also über den Mehrwert, den die Organisation dem Kunden anbietet. Die Wertschöpfung durch die Organisation ist für den internen und externen Kontext sinnvoll. Damit sind im internen Bereich Mitarbeiter, Führungskräfte, Geschäftsführung, möglicherweise Betriebsrat und im externen Bereich Kunden, Geschäftspartner, Zulieferer und Gesellschaft gemeint.

Am Anfang stiftet die erfolgreiche Gründung an sich Klarheit, Ausrichtung und Sinn. Das gilt für Kunden, Mitarbeiter, Geschäftspartner und Gesellschaft.

Zu diesem Zeitpunkt steht nicht der wirtschaftliche Erfolg im Fokus, sondern der gute Grund, warum die Organisation gegründet wurde. All das schafft eine gemeinsame Ausrichtung, liefert Orientierung und ist die Basis für intrinsische Motivation und Engagement für die Sache. Bekannte Beispiele dazu sind sicher Google und SAP im technologischen Bereich. Aber auch jedes anfangs kleine Unternehmen wie z. B. auch Bionorica beim Start in den 1930er Jahren, hatte mit dem Thema „Heilkräuter" zu vermarkten, Menschen in der Organisation, die hinter dieser Idee standen. Sie wurde damit erfolgreich und sind gewachsen. Mit dem heutigen Chef Herrn Prof. Popp wurde die Unternehmensmission Anfang 2000 neu formuliert. BIONORICA AG – The phytoneering company: „Die Herstellung von wirksamen und sicheren, pflanzlichen Arzneimitteln – zum Wohle der Patienten." Es ist immer noch spürbar, wie sehr die Menschen bei der Bionorica hinter dieser Mission stehen und sich dafür einsetzen.

Unternehmen müssen natürlich wirtschaftlich erfolgreich sein. Sie brauchen Gewinne. Gewinne entstehen jedoch als Folge wirtschaftlichen Handelns, und weil der gute Grund, warum es die Organisation gibt, einen Markt hat.

Es entstehen bei einer weiteren positiven Entwicklung weitere Arbeitsplätze und Geschäftsbeziehungen. Es werden Steuern und Abgaben bezahlt. Prozesse, Strukturen und Management-Hierarchien werden geschaffen.

Nicht mehr „jeder macht alles" steht im Vordergrund, sondern eine passende Arbeits- und Aufgabenteilung der Organisation muss gefunden werden. Es ergibt Sinn, Bereiche dafür zu schaffen, die mit spezifischen und professionellen Vorgehensweisen ihre Sub-Ziele verfolgen. Dadurch entstehen Abteilungen wie z. B.

Vertrieb, Marketing, Produktion, Entwicklung, Finanzen, Controlling, Personal, etc. Diese bilden dann die Struktur und es gibt dazu eine Hierarchie, die Weisungsbefugnisse regelt. Dadurch entstehen Abteilungs-Interessen und das „Große und Ganze" kann aus den Augen verloren werden.

Irgendwann in der weiteren erfolgreichen Entwicklung der Organisation passiert etwas Merkwürdiges. Es findet ein Wechsel der Perspektive statt. Wirtschaftliche Fragestellungen rücken in den Mittelpunkt des Managements und der einzelnen Bereiche und Aufgaben. Diese sind unbestritten wichtig.

Irgendwann steht in den Sub-Bereichen, wie z. B. Marketing, Entwicklung oder Produktion der Organisation die Profitabilität im Vordergrund. Wie profitabel ist der jeweilige Sub-Bereich? Wie können wir effizienter arbeiten? Wie gut rechnen sich Projekte? Welche Investitionen lohnen sich? Mit diesen Fragen stehen Profit und Wachstum im Vordergrund der Betrachtung des Managements und der Organisation.

Der gute Grund, warum die Organisation gegründet wurde, gerät in den Hintergrund. Die sinnstiftende Mission für den internen Kontext wirkt immer weniger. Bei wichtigen Entscheidungen sind nicht mehr die Mission und das Leitbild handlungsleitend, sondern die Frage nach dem Profit und Wachstum. Die wirtschaftlichen Sachzwänge im Alltag spielen dann die Hauptrolle. Je professioneller die Leiter der Sub-Bereiche sind, desto mehr fehlt die Bindung zur Mission. Besonders, wenn die Sub-Bereiche als Profitcenter organisiert sind und die Leiter dann an der Profitabilität gemessen werden.

Die Mission gibt es, wenn überhaupt, nur noch im Marketing und Vertrieb. Die Leitbilder sind nur noch Schaubild nach draußen und dokumentieren, wie man gerne zusammenarbeiten würde.

Wir nennen das einen großen blinden Fleck. Denn dieser Wechsel verläuft unbewusst, da mehr in „Einzel-Zielen oder Abteilungs-Zielen" gedacht wird, die an Profiterwartungen geknüpft sind. Andere Ziele sind ausgeblendet.

Die Folgen werden an anderer Stelle als Symptome sichtbar. Kaum Engagement, wenige Verbesserungsvorschläge und kaum Innovationsideen von innen, Dienst nach Vorschrift, usw. Die Symptome werden oft mit teuren Maßnahmen vergeblich versucht, nachhaltig in den Griff zu bekommen.

Ein ganz großer Stellhebel von Führung wurde aufgegeben. Die Mission ist nicht mehr mit dem guten und sinnstiftenden Grund besetzt, sondern mit den erwünschten Folgen des guten Geschäftsgrundes, der Unternehmensmission.

Das verursacht Paradoxien. Jeder Mitarbeiter, Partner und Kunde denkt sich so seinen eigenen Teil, warum es die Organisation gibt. So kann natürlich nicht an einem Strang gezogen werden.

Blinder Fleck – Ein Experiment für Sie

Ein praktisches Beispiel, was damit gemeint ist – den blinden Fleck nicht zu sehen – ist die folgende Übung, die ich Heinz von Foerster [1] übernommen habe.

1. Halten Sie die Seite mit der rechten Hand, schließen Sie das linke Auge und fixieren Sie den Stern in der Abbildung mit dem rechten Auge.
2. Bewegen Sie sodann das Buch langsam entlang der Sehachse vor und zurück in einer Entfernung von ca. 25 cm vom rechten Auge, bis der Abstand erreicht ist, bei dem der große schwarze Punkt verschwindet.

Wenn der Stern gut fixiert wird, bleibt der Punkt unsichtbar, auch wenn die Seite langsam parallel zu sich selbst bewegt wird. Diese lokalisierte Blindheit ist eine direkte Folge des Fehlens von Fotorezeptoren (Stäbchen und Zapfen) an dem Punkt der Retina. Das ist der blinde Fleck, wo alle Fasern von der lichtempfindlichen Schicht des Auges zusammenkommen und den Sehnerv bilden.

Der Punkt, warum wir nicht sehen, ist gar nicht mal so interessant, viel interessanter ist, dass wir nicht sehen, dass diese Blindheit überhaupt nicht wahrgenommen wird. Unser Gehirn berechnet aus dem umliegenden Gebiet das Bild, das wir glauben zu sehen (einen „weißen Fleck").

Reflexions-Frage zum Start Erklären Sie einem Geschäftspartner, den Sie als konstruktiv einschätzen, den „blinden Fleck" und fragen Sie ihn, was seiner Ansicht nach, in Ihrer Organisation, in der Führung und Zusammenarbeit aktuell ein blinder Fleck sein kann?

Alternativ: Besorgen Sie sich einen Berater, der sich traut, Ihnen Kritisches zu sagen und lassen Sie ihn z. B. einer Sitzung Ihrer Geschäftsführung mit der ersten Führungsebene beiwohnen.

Die Gefahr mit Beratern, die Ihre Dienste an die Geschäftsführung verkaufen, besteht darin, dass auf der Ebene der Geschäftsführung Stimmigkeit bescheinigt wird, aber mit der Mannschaft stimmt leider nicht alles. Als Geschäftsführung sollten Sie darauf achten, dass Sie Berater haben, die auch Sie kritisch und konstruktiv mit in ihre Arbeit einbeziehen.

1.2   Der Preis, wenn Profit der Hauptzweck ist

Viele Mitarbeiter haben oft keine schnelle und überzeugende Antwort auf die Frage: Wofür gibt es das eigene Unternehmen? „Geld für die Geschäftsführung verdienen", ist eine häufige Aussage.

Oft ist die Geschäftsführung selbst unsicher bei der Beantwortung dieser Frage. Weitere typische Antworten zum Inhalt der Unternehmensmission sind: „Wir wollen unsere Marktanteile erhöhen. Wir wollen den Umsatz verdoppeln. Wir wollen Marktführer werden."

Das sind alles keine guten Gründe, wozu es ein Unternehmen geben sollte.

Es sind sogar eher schlechte Antworten, denn sie verschenken wertvolles Potenzial. Aus der Sicht von Kunden und Gesellschaft sind die Antworten völlig belanglos. Sie kommen in den Antworten nicht direkt vor. Es gibt überhaupt kein Nutzenversprechen für Kunden und Gesellschaft. Es wird kein Kunde mit seinen Bedürfnissen und Ziele direkt angesprochen. Es wird keine Verbesserung in der Welt des Kunden erwähnt. Schauen Sie die beiden Beispiele an:

Ein Autohersteller gibt die Mission aus: „Wir setzen uns dafür ein, eine Infrastruktur mit energieeffizienten Autos bereitzustellen, die die Umwelt so wenig wie möglich belasten und mehr Mobilität möglich machen." Oder: „Wir wollen der größte Autobauer werden."

Bestenfalls interessieren die Antworten Analysten von börsennotierten Unternehmen. Doch auch diese sollten sich ernsthaft fragen, weshalb Kunden und Gesellschaft von dieser Ausrichtung begeistert sein sollten.

Wir finden jedoch in der Mehrzahl unserer Gesprächspartner auf Geschäftsführungs- und Mitarbeiterseite eine sehr große Überzeugung, dass Profitstreben der wichtigste und vernünftigste Grund ist, Unternehmer zu sein.

1.2.1   „Nur Profit" ist dann nur Masche ohne „Happy End"

Die Überzeugung, dass Profit der Hauptzweck eines Unternehmens ist, scheint tief verwurzelt und schafft eine merkwürdige Situation. Wenn Profit das handlungsleitende Prinzip ist, dann müssen alle Missions-, Leitbild- und Marketing-Aussagen zum gesellschaftlichen und Kundennutzen im Grunde nur ein Vorwand und somit eine Masche sein, um Geld zu machen.

Diese Masche muss dann zwingend manipulativ umgesetzt werden. Intern mit Anreizen und Bestrafungen, extern in Richtung Kunden und Märkte mit hohem Vertriebs- und Marketingaufwand sowie viel „Kleingedrucktem", um zu manipulieren. Extern in Richtung Geschäftspartner oder Zulieferer mit entsprechendem Druck und Absicherungsaufwand. Richtung Gesetzgeber wird nach Möglichkeiten gesucht, gesetzliche Bestimmungen zu unterlaufen und/oder über Lobbyarbeit zum eigenen Vorteil zu optimieren. Das kann dann auch leicht zu Betrug führen. In der Geschäftslogik ist das verständlich. Gleichzeitig werden dann in der Organisation „Werte" gelebt, die wir im familiären und privaten Bereich völlig ablehnen: Gier nach immer mehr, Egoismus, trickreich Leute reinlegen, Gefühlskalt den eigenen Vorteil maximieren. Wir schätzen eher Werte wie Vertrauen, Ehrlichkeit, Transparenz, Teilen und Kooperation. Das spannende ist, dass es Organisationen gibt, die diese positiven Werte leben und trotzdem wirtschaftlich sehr erfolgreich sind.

Die Beispiele dazu sind zahlreich und von einigen berichten wir später detaillierter. Zum Beispiel im Drogerie-Bereich: Die dm-drogerie märkte bewegen sich in einem sehr engen Handels-Markt und betonen auch in ihrer Mission das Miteinander und den gesellschaftlichen Nutzen. Sie sind auch mit ihrer „Dialogorientierten Führung" wirtschaftlich sehr erfolgreich. Die Mitarbeiter sind auf ihre Mission ausgerichtet und wissen, dass sie wichtig und wertvoll im Unternehmen sind.

Schlecker dagegen ist aus gut bekannten Gründen nicht mehr auf dem Markt. Das System beruhte im Wesentlichen auf den Annahmen, dass nur die Unternehmensspitze wusste, wie das Geschäft funktioniert und dass man Mitarbeitern nicht trauen kann. Sie müssen kontrolliert und überwacht werden.

Ein anderes Extrembeispiel dieser Art sind die Schneeballsysteme. Es geht nur um Profit an der Spitze. Dazu braucht es eine „Cover-Story" mit den angeblichen Vorteilen für Kunden und vor allem für die Verkäufer. Das System dahinter ist eine Masche.

Wenn finanzieller Erfolg oder Profit die oberste Zielrichtung ist, dann kann das in einem endlichen Markt irgendwann nur auf Kosten von Mitarbeitern, Partnern, Kunden, Gesellschaft und Umwelt gehen. Das ist ein ganz wesentlicher Punkt. Darüber lohnt es sich gründlich nachzudenken. Machen Sie das bitte! Prüfen Sie, ob das zutrifft oder nicht! Wenn Sie Beispiele finden, bei denen es funktioniert, dann senden Sie uns bitte eine Nachricht. Wir lernen gerne dazu.

Eine weitere Schwierigkeit, die auftritt, wenn „Profit" zu wichtig in der Organisation ist, ist Egoismus. Die moderne Sozialpsychologie hat in Experimenten (Priming Forschung) nachgewiesen: Wenn Menschen auch nur un- bzw. vorbewusst an Geld denken, handeln sie egoistischer. Der Wirtschafts-Nobelpreisträger

Daniel Kahneman [2] hat in seinem Buch „Schnelles Denken, langsames Denken" viele Beispiele dargestellt, die die Annahme nahelegen, dass wir Menschen im Alltag häufig automatisch entscheiden und handeln. Dabei sind wir uns selten der Annahmen und deren Wirkungen bewusst. Kaum ein Mensch merkt in Experimenten, dass er egoistischer vorgeht, statt beispielsweise unterstützend. Eine große Gefahr dieser „Verzerrungsfehler" ist, dass sie zu Fehleinschätzungen und Fehlern im Denken und Handeln führen.

Das lässt sich nur durch eine passende „Feedback-Kultur" verändern, die um diese Tatsachen weiß. Andere nehmen unsere Automatismen und Fehleinschätzungen eher wahr als wir selbst. Die Frage ist, ob es einen Raum gibt, diese als Frage in den Dialog zu bringen, also offen und konstruktiv darüber zu sprechen.

Wenn in Organisationen Profit als Hauptzweck gilt und dies handlungsleitend in der Kommunikation ist, dann ist damit zu rechnen, dass Menschen eher egoistisch agieren. Da Organisationen auf ein Miteinander angewiesen sind, ist es fraglich, ob eine Dominanz des „Profit-Denkens" in der Organisation hilfreich für die Erreichung der Ziele ist.

Je mehr Wettbewerb in so einem Markt herrscht, desto wahrscheinlicher wird es dann, dass „Angebote" auf Kosten von Beteiligten und/oder der Umwelt realisiert werden müssen. Das wird im Markt früher oder später deutlich bemerkbar. Unter dem Abschn. 1.2 finden Sie Beispiele, die das verdeutlichen.

Wenn Unternehmen ihr Handeln eigentlich nur dem Profitstreben unterordnen, jedoch offiziell gerne so tun, dass es vor allem um Kundenzufriedenheit durch hohe Qualität geht und dabei das Gegenteil gemacht wird, nennen wir das eine Masche. Wenn z. B. klar wird, dass Mitarbeiter schlechte Qualität produzieren, weil der Einkauf aus Kostengründen nur die günstigsten Rohstoffe bestellen kann, dann sollte sich auch niemand beschweren, wenn dieser Widerspruch offensichtlich wird. Und wenn dies trotz besseren Wissens aufrechterhalten und weiterhin bewusst gelebt wird, ist das eine Masche.

Wir sind heute alle viel vernetzter in der digitalen Welt. Schlechte Nachrichten verbreiten sich schneller als gute Nachrichten. Es ist schwer, schlechte Nachrichten zu korrigieren, da immer etwas hängen bleibt. Die Symptome sind folgende: Kunden und Handelspartner reklamieren und Mitarbeiter teilen ihren Unmut in Online-Portalen. Die Medien greifen die Informationen auf.

Die Folgen: Vertrauen in Aussagen von Unternehmen und Organisationen haben keinen Wert mehr. Organisationen können so nachhaltig Schaden nehmen. Manchmal kann man den Eindruck gewinnen, dass die „Trickserei" von Organisationen in den Märkten von unserer Gesellschaft so erwartet wird. Dass auf Kosten anderer zu arbeiten, normal sei. Das ist es nicht. Es schadet unserer Gesellschaft.

Bei Mitarbeitern, Aufsichtsrat, Partnern, Kunden, Medien und Gesellschaft sollten also die Alarmsirenen angehen, wenn Profit und Wachstum als Hauptzielsetzungen genannt werden. Auch Banken können diese natürlich nicht als primären Zweck haben. Beispiele von Banken, die anders ticken sind u. a. Evenord Bank, Sparda Bank München und GLS Bank.

1.2.2   Eigentum verpflichtet

Eigentum verpflichtet. Es soll zugleich dem Allgemeinwohl dienen. So steht es in unserem Grundgesetz. Das kann natürlich sehr als Appell klingen. Aus unserer Sicht ist das eine weise Vorgabe. Die Zusammenhänge von Wirtschaft und Gesellschaft wurden tief durchdacht.

Wenn die Mehrung von Reichtum einiger weniger die Hauptzielrichtung unseres Handelns in der Wirtschaft sein soll, dann wird das mittel- und langfristig zu Ungleichgewicht und Problemen führen.

Aus unserer Sicht werden sich dann Unternehmen mit diesem Ziel selbst ins Abseits stellen. Vor allem, wenn es im gleichen Markt Organisationen gibt, die sich ehrlich für Kundenbedürfnisse und Wertschöpfung – auch in der Gesellschaft – interessieren und einsetzen. Für Arbeitnehmer ist dies von großem Interesse. Daraus wird es für Organisationen leichter, gute Mitarbeiter zu gewinnen und zu binden.

Es gibt bereits viele Beispiele von Organisationen, die eine klare Mission verfolgen, die auch gesellschaftlichen Nutzen generiert und im Fokus hat (Abschn. 1.4). Wir haben den Eindruck, dass es in jüngster Zeit mehr Organisationen werden, die diese Zusammenhänge sehen und entsprechend agieren.

Der große Management-Vordenker Peter F. Drucker, der gerne im Management zitiert wird, machte immer deutlich, dass Organisationen zwingend auch einen gesellschaftlichen Nutzen bringen müssen [3], sonst hätten sie keine Existenzberechtigung. Die Organisation muss einen Kunden finden. Der Kunde und der Markt entstehen, weil die Organisation ein Bedürfnis befriedigt. Das Bedürfnis kann der Kunde schon gespürt haben, bevor er die Möglichkeit hatte, es zu befriedigen oder das Bedürfnis entstand mit der Möglichkeit. Es schafft so Arbeitsplätze und zahlt Abgaben und Steuern. Auf der anderen Seite wird die Umwelt, z. B. durch die Produktion und den Energiebedarf der Organisation belastet. Die Organisation ist auf Arbeitnehmer angewiesen, die durch ein entsprechendes Bildungssystem gut qualifiziert sind. Es entstehen Wechselwirkungen. Die Organisation und der Kunde sind Teil der Gesellschaft.

Peter Drucker, 1973: „Freies Unternehmertum lässt sich nicht dadurch rechtfertigen, dass es gut ist für das Geschäft. Es legitimiert sich nur durch seinen gesellschaftlichen Nutzen."

1.2.3 Die Folgen von durchschauten Marketing-Maschen

Wenn Marketing-Maschen durchschaut sind, dann folgt ein massiver Vertrauensverlust intern und extern. Leistungen und Zusagen der Organisation sind nicht verlässlich.

Nach Hartmut Rosa [4] führt dies zur Entfremdung. Es fehlen Resonanzbeziehungen. Die Mitarbeiter finden durch ihr Aufgaben bei der Arbeit keinen Bezug, keinen Sinn mehr. Resonanz tritt dann ein, wenn wir uns als lebendig und selbstwirksam erleben. Das kann durch ehrliche Anerkennung und Wertschätzung geschehen. Oder auch durch ein Gefühl, das aufgrund des eigenen Handelns in und für die Organisation entsteht, also durch eine Sache ausgelöst wird. Zum Beispiel das Gefühl, durch die eigene konkrete Arbeit einen guten Beitrag für Kunden und Gesellschaft zu leisten.

Resonanz bedeutet, wenn das Leben gelingt, so Hartmut Rosa: „Das Leben aber gelingt … wenn wir „es" lieben. „Es", das sind dabei die Menschen, die Räume, die Aufgaben, die Ideen, die Dinge und Werkzeuge, die uns begegnen und mit denen wir es zu tun haben."

Ohne Resonanzerfahrungen wird Arbeiten wie das Laufen im Hamsterrad empfunden. Den Mitarbeitern fehlen erreichbare und sinnvolle Zielsetzungen.

> Wir leben in einer Gesellschaft, in der immer mehr Menschen das Gefühl haben, einer stummen, gleichgültigen Welt gegenüber zu stehen. Die Folge ist ein individuelles, ja sogar ein kollektives Burn-out. Menschen, die ein gelingendes Leben führen, haben eine lebendige Verbindung etwa zu anderen Menschen, zur Natur, zu ihrer Arbeit. Das Leben gelingt nicht allein, wenn wir reich an Ressourcen und Optionen sind, sondern wenn wir es lieben (Hartmut Rosa in Heise Online 4.4.2016).

Wo in der Organisation alles der Effizienz untergeordnet wird, fehlen menschliche Begegnungen. Das ist allerdings die Basis für Resonanzerfahrungen sowie für Ideen für eine bessere Zusammenarbeit, Innovation und Produktivität. Je weniger Resonanzerfahrungen für die Mitarbeiter, Führungskräfte, Geschäftsführung, Betriebsrat, Aufsichtsrat sowie auch für Zulieferer, desto mehr „Dienst nach Vorschrift", höhere Fluktuation und Krankenstand bis zum Burn-out von Mitarbeitern folgen.

Dies hat gesellschaftliche Folgekosten, an denen sich solche Organisationen nicht gerne beteiligen. Verständlicherweise aus deren Geschäftslogik – sie wollen ja nur den Gewinn maximieren.

Kunden, Geschäftspartnern und Gesellschaft fehlt der positive Grund, der geteilte Glaube, warum es gut ist, dass es die Organisation in der Gesellschaft gibt. Glauben Kunden, an das, was die Organisation glaubt, dann kauft dieser Kundenkreis gerne und empfiehlt aktiv weiter.

Um dem Vertrauensverlust in der Organisation zu begegnen wird dann häufig mit Neubesetzungen im Management und Umstrukturierungen versucht, gegenzusteuern. Parallel werden begleitende, vertrauensbildende Maßnahmen, Coachings und Teamworkshops durchgeführt. Meist bringt das wenig nachhaltigen Nutzen. Wenn die Widersprüche nicht tatsächlich analysiert, verstanden und angegangen werden, wird an Symptomen gearbeitet statt an Ursachen.

Viele Unternehmensberatungen arbeiten wirtschaftlich recht erfolgreich in diesem Umfeld. Die Annahmen, dass Profit und Wachstum zentrale Ziele sind, werden aufseiten der Beratung und der Geschäftsführung geteilt und somit selten infrage gestellt. Die abgeleiteten Maßnahmen aus z. B. Benchmarking mit anderen Marktbegleitern bleiben dann natürlich oberflächlich auf der Ebene der Symptome. Sie greifen nicht die wahren Ursachen auf und funktionieren daher nicht. Es wird einfach mehr vom selben gemacht, d. h. die Interventionen wie z. B. Appelle an die Mannschaft, Führungskräfte- und Teamentwicklung oder Change-Management-Prozesse werden eindringlicher wiederholt.

1.2.4   Profit ist natürlich wichtig. Nicht als Zweck, sondern als Folge

Um allerdings auch diesen Punkt klarzustellen: Profit ist in unserer Wirtschaft sicher notwendig und wichtig. Doch Profit kann und darf nie Hauptzweck sein. Er ist stets Folge wirtschaftlichen Handelns. Idealerweise im Verfolgen einer Unternehmensmission, die ihre Kunden findet – nicht alle möglichen Kunden, sondern die Kunden, die auch an die Unternehmensmission glauben.

Sicher ist unser aktuelles Wirtschaftssystem darauf ausgelegt, sich nur dynamisch stabilisieren zu können. In anderen Worten: Wir brauchen Wachstum, Beschleunigung und ständige Verbesserungen, bzw. Innovationen. Ohne dies funktioniert unsere Wirtschaft und damit unsere Gesellschaft nicht. Sicher ist auch, dass dieses Modell so nicht unendlich funktionieren kann. Nicht alles lässt sich beliebig beschleunigen. Weiterführende Gedanken dazu finden Sie bei Hartmut Rosa [4] und im Kap. 3.

Uns Menschen – auch in der Geschäftsführung – hilft die Idee, zusammen mit anderen etwas Sinnvolles auf die Beine zu stellen. Wir brauchen das Gefühl, unseren Beitrag dazu zu leisten. Das sind Resonanzerfahrungen. Diese immer wieder zu machen kostet zwar Zeit, ist aber für eine vitale Organisation essenziell.

1.2.5   VW-Mission „Größter Autobauer" und die Auswirkungen

Ein immer noch bekanntes Beispiel, um die Auswirkungen von „Größe" als Unternehmensmission zu beleuchten, ist der VW Konzern. Die Konzernleitung gab auch noch Anfang 2015 die Parole aus: „Wir wollen weltweit der größte Autobauer werden." Das ist die Richtung, das Ziel, das es zu erreichen gilt. Diese Richtung hat jedoch für Kunden und Gesellschaft keinen direkten Wert.

Die frühere Ausrichtung hingegen ging eher hin zu „wir bauen die ökonomisch und ökologisch besten Fahrzeuge". Die Mitarbeiter und Führungskräfte des Konzerns versuchen das jeweilige Ziel zu erreichen. Die Kennzahlen werden darauf ausgerichtet.

Ist es das Ziel, größter Autobauer zu werden, dann werden alle Aktivitäten darauf ausgerichtet. Es ist nicht mehr so wichtig, ob das Fahrzeug ökologisch sinnvoll ist. Sogar gesetzliche Vorgaben wurden dem Ziel untergeordnet. Nicht aus böser Absicht, sondern weil normale Unternehmen arbeitsteilig arbeiten. Jede Abteilung versucht, ihre jeweiligen Ziele und Aufgaben professionell sowie zuverlässig zu erfüllen.

Die Leitfrage war: „Wie können wir möglichst viele Fahrzeuge verkaufen?" Man erreicht den vorgeschriebenen Grenzwert für Abgase nicht. Also werden Wege gesucht, wie man weiter Fahrzeuge verkaufen kann – nicht zwingend, wie man gute, gesetzeskonforme Autos produziert. Im ersten Moment war das Ziel auch erreicht, weiter Fahrzeuge zu verkaufen, indem man die Abgasmessung manipulierte.

Wahrscheinlich wurde das Problem vom Vorstand gar nicht wirklich wahrgenommen. Es wurde vermutlich kein professionelles Risikomanagement über diesen „Lösungsweg" durchgeführt und im Top-Management bewertet.

Doch Ziele durch Manipulation zu erreichen ist gefährlich, wie sich bitter herausstellte. Der Abgas-Skandal konnte nur deshalb so stattfinden, weil die Botschaft: „Größter Autobauer" intern als oberste Unternehmensmission verwertet wurde, dem sich alle weiteren Zielsetzungen unterzuordnen hatten: Wachstums und Umsatzpläne waren unbedingt einzuhalten. Keine Wiederrede. Einfach machen und bitte keine Ausreden bringen.

Seit Anfang 2016 wissen wir, dass es sehr wohl Mitarbeiter und Führungskräfte bei VW gab, die Einwände hatten. Diese wussten, dass die Motoren die versprochenen Abgaswerte nicht einhalten würden. Sie wollten sich für neue Lösungen einsetzen, die den Vorgaben gerecht würden. Doch sie wurden nicht gehört.

Wir vermuten auch, dass sich diese Mitarbeiter nicht bei ihrem Management beliebt gemacht haben, obwohl sie aus unserer Sicht sehr unternehmerisch und verantwortungsvoll für ihre Sache eingetreten sind.

Das waren im damaligen Kontext eher „schwierige" Mitarbeiter. Diese wollten eigentlich den Konzern nur vor Schaden bewahren. Vielleicht hatten die Mitarbeiter auch weitere intrinsische Motive und Werte, die sie geleitet haben: ökologische Motoren zu bauen, Versprechen dem Kunden gegenüber zu halten oder einfach die bestmöglichen Motoren für bestmögliche Mobilität zu bauen.

Dann entwickelten die Mitarbeiter aus Loyalität entsprechende „trickreiche" Lösungen, die dann die Probleme scheinbar beseitigten. Aus der Interessenslage, keine Probleme mit dem Top-Management zu bekommen und zu zeigen, dass kreative Problemlösungen mit ihnen schnell möglich sind, ist das ebenfalls sehr gut zu verstehen. Einmal gemacht wird aus so einer „Lösung" eine betriebliche Routine, die einfach beibehalten wird. Bis sie auffliegt.

Der Preis, den der Konzern für diese Art von Führung zu zahlen hat, ist hoch. Leider auch für die Mitarbeiter, Partner und Gesellschaft. Darüber hinaus wurde der Umwelt geschadet. Sicher gibt es dazu einen sehr hohen Glaubwürdigkeitsschaden. Das Vertrauen in die eigene Führung ist nachhaltig gestört, ebenso das das Vertrauen der Kunden, der Zulassungsbehörden und der gesetzlichen Instanzen.

Nun hat der VW Konzern die Aufgabe, eine „neue" Art von Führung auf den Weg zu bringen. Es wird wahrscheinlich ein langer Weg werden, bis solch „schwierigen" Mitarbeiter sich wieder zur Wort melden. Sie brauchen wieder Vertrauen, dass sie und ihre Meinungen wahrgenommen und vor allem geschätzt werden. Auch und gerade weil es kritische Gedanken sind.

Es ist Vertrauen nötig, damit Mitarbeiter sich verantwortungsvoll einbringen und Konflikte auch mit dem oberen Management riskieren wollen, können und dürfen. Schließlich werden diese Mitarbeiter auch vom oberen Management beurteilt. Die Karriere ist davon abhängig. Dadurch ist diese Beziehung asymmetrisch. Es ist kein Umgang auf Augenhöhe und damit kein belastbares Vertrauen in solchen Systemen zu erwarten.

Hierarchische Machtverhältnisse bestimmen die Entwicklung. Hoch in der Karriereleiter kommt meist, wer oben – dem Top-Management – gefällt, wer

Gefallen leistet. Es kommen im klassischen top-down- und „command-and-control"-Management eher „Ja-Sager" – also Konformisten – weiter. Wenn Mitarbeiter sich nicht mehr mit ihren kritischen Meinungen einbringen, darf man nicht einzelnen Mitarbeitern Schuld zuweisen. Das ist eine Systemleistung. Das System, also der „command-and-control"-Modus sowie der Umgang mit anderen Meinungen als der an der Unternehmensspitze bringen dieses Verhalten hervor. Dieses prägt Mitarbeiter, Führungskräfte und Vorstand (rückkoppelnd) und verstärkt sich damit. Dass dies eine Systemleistung ist, wird auch dadurch deutlich, dass neue Mitarbeiter recht schnell dieses Verhalten zeigen oder die Organisation wieder verlassen.

Daher ist die Frage essenziell wichtig, welches Verhalten der Vorstand und dann die entsprechenden Führungsebenen belohnen und welches negativ sanktioniert wird. Nicht per Leitbild, sondern im täglichen Tun und Nicht-Tun. Das ist handlungsleitend für alle Mitarbeiter und rückbezüglich auch auf die Führungsebenen. Die verschiedenen Führungsebenen haben an dieser Stelle die bekannten Möglichkeiten:

A: Verändere die Situation (Change it)
B: Lerne die Situation zu lieben (Love it)
C: Verlasse die Situation (Leave it)

Aber in jedem Fall:

D: Aufhören lange zu klagen und zu jammern. Gehe zur Möglichkeit A, B oder
     C.

Das ist sehr ungünstig für die eigene Psyche sowie natürlich für die Umgebung. Zu den Möglichkeiten, die Situation zu verändern, gehen wir in Kap. 3 gezielt ein. Die Werkzeuge im vorletzten Kapitel bieten auch Chancen, die Situation zu verändern. Möglicherweise geht das auch nur im eigenen Team, der Abteilung oder dem Bereich. Dann gilt es, sich gegenüber dem Rest der Organisation gut abzugrenzen.

1.2.6   VW Vorstand führte mit klaren Werten aber ohne „Wertschöpfung" für alle im Fokus

Sehr spannend im Zusammenhang mit wertschöpfender Führung ist, dass der VW Vorstand sehr klar mit Werten geführt hatte. Das klingt irritierend?

Der Vorstand schätzte ganz offensichtlich Werte wie Disziplin und Verlässlichkeit bei seinen Mitarbeitern. Der Vorstand schätzte Profit, Wachstum und Größe: „Wir wollen größter Autobauer werden."

Mit großer Sicherheit gab es im Konzern auch ein Führungs-Leitbild, das bekundete, dass die offene Kommunikation intern ein wichtiges Gut ist und dass Kundenzufriedenheit eine große Rolle spielt.

Doch entscheidend für alle ist, was der Vorstand und damit die weiteren Führungsebenen sichtbar tun und auch, was sie nicht tun.

Im Alltag wurden vom Vorstand und der 1ten Führungsebene offensichtlich Werte wie Disziplin und Gehorsam mehr geschätzt als kritische, konstruktive oder besorgte Einwände.

Dem Top-Management ging es in erster Linie darum zu wachsen und Profit zu machen. Aus dieser Interessenslage ist verständlich, was passierte und was sehr schwierig in die Wahrnehmung kommt. Schwierig in die Wahrnehmung kommen Abweichungen von den eigenen Erwartungen.

Doch eine wichtige Aufgabe des Top-Managements ist es sicher, dafür zu sorgen, dass wichtige Probleme und Herausforderungen an sie herangetragen werden.

Im Nachhinein ist es sehr deutlich, dass die „falschen" Werte verfolgt und damit wertgeschätzt wurden. Nach Niklas Luhmann waren „Profit und Wachstum sowie in keinem Fall Probleme benennen, die Ziele gefährden" in der Kommunikation und damit handlungsleitend.

Die Situation gleicht der bei Mercedes Benz im Rahmen des „Elchtests". Die Ingenieure wussten um diese Problematik. Doch der CEO hatte die klare Parole ausgegeben, dass der Auslieferungstermin der A-Klasse steht. Das wurde intern dann so interpretiert, dass keiner der Mitarbeiter wirklich der sein wollte, der die Botschaft an den Vorstand meldete. Die Angst, die Nachricht an den Vorstand zu bringen, war größer als der Mut, für die Sache einzutreten, oder?

Die anderen möglichen Werte waren eben nicht aktiv in der Kommunikation. Werte wie z. B. Dialogfähigkeit, Vertrauen, Respekt, Kunden-Nutzen, Compliance, Ehrlichkeit, Verantwortlichkeit, usw. fehlten.

Das ist etwas, was sich in dem oben genannten Beispiel der VW Vorstand und sicher auch andere Vorstände und Geschäftsführer in ähnlichen Situationen vorwerfen lassen müssen:

1. Wie kann es kommen, dass Mitarbeiter mit solchen Themen kein Gehör im Vorstand, bzw. in der Eskalations-Kette bekommen? Wie kann es sein, dass da die Türen geschlossen bleiben?

2. Welche Haltung wird dadurch gegenüber Mitarbeitern zum Ausdruck gebracht? Werden sich diese Mitarbeiter kompetent und wertvoll fühlen? Oder positioniert sich die Unternehmensspitze, bewusst oder unbewusst, als die zentrale Intelligenz?

Was wir heute in der VW Situation erleben, ist ein typisches Beispiel, welches sich vermutlich auch in der Zukunft wiederholen wird:

Unternehmen kommen durch hausgemachte Probleme in die Krise. Die entscheidende Frage ist: Wie wird reagiert? Werden eher Symptome adressiert oder werden Widersprüche, Ursachen und Zusammenhänge analysiert und nachhaltig angegangen?

Eigentlich liegt darin eine wirkliche Chance, aufzuräumen. Von außen betrachtet, gewinnen wir in dem VW Fall bis Mitte 2016 nicht den Eindruck, dass die Problematik in Bezug zur eigenen Mission, Vision und Werten tief greifend neu durchdacht wird. In so einen ernsthaften Prozess lassen sich natürlich auch Kunden, Geschäftspartner, Gesetzgebung und Gesellschaft integrieren.

Es scheint eher der Versuch, den Betrug schnell als unglückliche Sache darzustellen und wieder ins Tagesgeschäft zu kommen. Mit teilweise neuen Menschen. Allerdings mit der gleichen Geschäftslogik.

Für Unternehmen in einer Krise ist es aus unserer Sicht immer eine Chance, wirklich die Probleme zu analysieren und zu hinterfragen: Zu prüfen, was aus der Krise gelernt werden kann, damit in Zukunft eine solche Problematik nicht wieder auftritt. Dazu braucht es eine respektvolle Haltung zu allen Beteiligten und die ergebnisoffene Fragestellung: Was können wir aus der Krise lernen? Es geht dann nicht um die Schuldfrage, sondern um die aktive und ehrliche Gestaltung von Lernprozessen.

Wir glauben nicht, dass alle Krisen zu verhindern sind. Dazu ist unsere Geschäftswelt zu komplex und dynamisch. Wir glauben auch, dass Organisationen ein Frühwarnsystem entwickeln können, dass merkwürdige oder problematische Entwicklungen frühzeitig in die Kommunikation bringen kann (Mehr Anregungen dazu finden Sie im 2. Kapitel.). Damit das funktioniert, muss die frühzeitige Wahrnehmung von Veränderungen positiv sanktioniert sein.

In Organisationen ist das nicht leicht herzustellen. Durch den hohen Grad an Aufgabenteilung und unterschiedlicher Zielsetzungen in den verschiedenen Bereichen, Abteilungen und Teams entstehen zwangsläufig lokale Interessenslagen. Alle versuchen, im Rahmen ihrer Aufgaben und lokalen Zielsetzungen bestmöglich zu arbeiten. Das betrifft den Vorstand und alle anderen Bereiche. Nicht jeder kann immer an alles zugleich denken und auf dem Schirm haben. Das wäre nicht sinnvoll und würde alle überlasten.

Der Vorstand kann nicht immer wieder auf Produktionsdetails achten und Mitarbeiter in der Entwicklung können nicht immer wieder über Finanzierungsdetails für neue Modelle nachdenken.

Daher ist es ist wichtig, den Wertbeitrag der einzelnen Teams, Abteilungen und Bereiche zum Großen und Ganzen kontinuierlich zu thematisieren (siehe Kap. 2: Geschäftsmodell und Schnittstellenanalyse). Dazu ist es wichtig, Anlaufstellen in der Organisation zu etablieren, die bei Zielkonflikten und Problemen verlässlich ansprechbar sind. Es ist sehr wichtig, dass alle Mitarbeiter in einer Organisation davon ausgehen, dass es Zielkonflikte in normalen Organisationen gibt und dass diese in sich nicht problematisch sind. Das so tun, als ob es eine Organisation wie ein Uhrwerk geben kann, ist ein Problem.

Aus unserer Sicht kann auch das Konzept des „lateralen Führens" (siehe Kap. 2 für Details) sehr hilfreich sein. Das Konzept basiert auf der Annahme, dass Verständnis, Vertrauen und Macht Wirkfaktoren in Organisationen sind. Diese können genutzt werden, um eigene Interessen zur Geltung zu bringen. Das gilt besonders, wenn keine Macht über die Hierarchie zur Verfügung steht. Wäre das Instrument bekannt gewesen, dann hätten die VW Mitarbeiter in den USA eine Akteurs-Analyse durchgeführt, inklusive der Frage, über welche Machtquellen sie direkt/indirekt verfügen, um sich für ihre Sache wirksam einzusetzen. Mit dem Modell des lateralen Führens werden so konkrete Handlungsoptionen erarbeitet, die dann genutzt werden, um wirksam seine Interessen kooperativ voranzubringen.

1.2.7 Welche Vorstände brauchen wir in unserer Gesellschaft?

Eine Frage stellt sich immer wieder: Welche Vorstände und Geschäftsführer brauchen wir in der heutigen Zeit mehr? Solche, die sich an ausschließlich an Größe und Wachstum ausrichten mit den Folgen, dass dann mögliche Probleme und Missstände gar nicht richtig bemerkt werden? Oder Vorstände und Geschäftsführer, die zusammen mit andern Menschen einen Nutzen in der Welt stiften, die Wertschöpfung auch für die Gesellschaft im Sinn haben? Aus dieser Wertschöpfung soll, muss und darf gerne Profit erzielt werden. Profit ist dann Folge und nicht Hauptzweck.

Es gibt konkrete Beispiele, wie Organisationen im Sinne wertschöpfender Führung agieren und Resonanz für ihre Unternehmensmission schaffen.

Zentrale Aufgabe wertschöpfender Führung ist es, darauf zu achten, dass die richtigen Dinge in der richtigen Weise in der Kommunikation sind. In der

Kommunikation sind die richtigen Dinge in der richtigen Weise dann, wenn konstruktiv über sachliche Fragestellungen, Probleme, Fehler und Chancen gesprochen und diskutiert werden kann. Ohne Angst oder dem Gefühl, dafür subtil oder direkt bestraft zu werden.

Klar ist auch, dass es im Alltag Klärungsprozesse für Zielkonflikte braucht sowie die Sicherheit, dass die Zielkonflikte konstruktiv angesprochen und sinnvoll im Kontext der Mission, Werte und Vision gelöst werden.

Im Alltag ist das eine schwierige Sache, da wir hier eher automatisch wahrnehmen und handeln. Es gilt im Kontext von Führung und Zusammenarbeit in unserer dynamischen Welt immer wieder mit Aus- und Nebenwirkungen zu rechnen, die nicht beabsichtigt oder vorhersehbar sind. In Organisationen von heute braucht es daher ein gutes Frühwarnsystem, um Veränderungen und Spannungen intern wie extern mitzubekommen. Es sind oft kleine Anzeichen, die den Beginn von Veränderungen andeuten. Mitarbeiter müssen mobilisiert sein, im Rahmen ihrer Aufgaben und Verantwortlichkeiten auf Veränderungen und Chancen zu achten. Diese sind dann mit Kollegen zu verifizieren.

Ab Abschn. 1.3 gehen wir gezielt auf positive Beispiele ein. So können Sie klarer für sich bestimmen, was Sie in Ihrer Organisation brauchen, um es besser zu machen.

1.2.8   Wettbewerbsnachteile durch Maschen als Geschäftsmodell

Wenn es keine klare Unternehmensmission gibt oder diese nicht durch gezielte wertschöpfende Führung aktiv gelebt wird, gibt es immer wieder Probleme und Herausforderungen.

Jeder hat unterschiedliche Vorstellungen vom Sinn und Zweck der Organisation. Klar ist, dass es dann wenig wahrscheinlich ist, dass alle an einem Strang ziehen. Jeder, intern wie extern, denkt sich seinen eigenen Teil.

Wenn regelmäßig in wichtigen Entscheidungssituationen nur der bestmögliche Profit zählt, obgleich es eine offizielle Unternehmensmission und ein Leitbild gibt, die andere Richtungen des Handelns und Entscheidens nahelegen, dann wird die Mission und das Leitbild zu einer Masche.

Das führt am Ende sicher zu einem Vertrauensverlust aufseiten aller Beteiligten und schließt Kunden, Geschäftspartner und Mitarbeiter ein. Durch weniger Vertrauen entsteht weniger Engagement für die Sache. Vielleicht entwickelt sich sogar Engagement gegen die Sache. Das bedeutet, dass schlechte Nachrichten kommuniziert werden. Ein paar Beispiele sollen diese Problematik verdeutlichen:

- Öko und gesundes Leben kommen im Markt gut an. Lebensmittel-Ketten nutzen diesen Trend und behaupten, sich für Bio-Methoden einzusetzen. Sie präsentieren eine gesunde Welt mit frei lebenden Tieren. Reporter finden dann jedoch heraus, dass die Zulieferer die Tiere auf ganz andere Weise halten. Die Lebensmittel-Kette zeigt sich unschuldig und negiert Möglichkeiten der Einflussnahme im Hinblick auf mehr „Bio-Qualität". Die reine Nutzung des Marketingaspekts der heilen Welt, ohne wirkliche Substanz, erkennen Mitarbeiter, Zulieferer und aufmerksame Kunden ganz genau.
- Vorstände, die behaupten die richtigen Mitarbeiter zu haben, aber sich ständig in operative Themen einmischen.
- „Kundennähe ist uns ganz wichtig". Präsentiert werden Bank-Mitarbeiter in Filialen im freundlichen Gespräch mit Kunden. Parallel wird durch die Nachrichten bekannt, dass 1/3 der Filialen geschlossen werden.
- Personaldienstleister, die behaupten, ihre Mitarbeiter wären das Wichtigste für sie. Die gerne medienwirksam für soziale Projekte spenden, dann allerdings nicht angeben können, was genau in jeden Mitarbeiter gezielt für seine professionelle Weiterentwicklung investiert wird und welche soziale Sicherung der Mitarbeiter in der Organisation erfährt.
- Finanzdienstleister versprechen ihren Kunden, dass sie nur am individuellen Kundenwohl interessiert sind. Tatsächlich verfolgen sie meist klare und straffe Produkt- und Margenziele, die aus ihrer Organisation kommen, statt ausschließlich zu beraten und diese Dienstleistung in Rechnung zu stellen.
- Unternehmen profitieren von Subventionen, strengen sich aber mächtig an, keine Steuern zu zahlen.
- Produkt-Qualität ist ganz wichtig und das wird nach innen und außen kommuniziert. Doch sie darf nichts kosten. Es sind keine ausreichenden Budgets für Forschung, Entwicklung, Beratung und Service vorhanden.
- Mitarbeiter sollen „unternehmerisch" mitdenken und handeln. Agieren sie entsprechend und treffen allerdings nicht die Meinung der Chefs, bekommen die engagierten Mitarbeiter das direkt oder indirekt zu spüren.
- Innovativ sein: Neue Ideen sind willkommen. Jedoch gibt es weder Zeit noch Raum, diese zu durchdenken. Sie passen nicht in eine auf Effizienz getrimmte Organisation. Der Alltag muss reibungslos funktionieren.
- Unternehmensdemokratie als Hauptzweck und Ausrichtung eines Unternehmens kann nur scheitern. Es fehlt der Nutzen für Kunden, Partner und Gesellschaft.
- ....

Im Kern geht es bei den beschriebenen Beispielen um Glaubwürdigkeit und um Vertrauen. Diese Beispiele sind keine Bagatellen. Sie sind in der heutigen Zeit die

Symptome von grundlegenden Problemen mit weitreichenden Auswirkungen in der Organisation sowie in der Welt der Kunden und der Gesellschaft.

Manche Unternehmen investieren viel, um diese Probleme auf der Symptomebene zu lösen. Das ist vergeblich. Unser Lösungsansatz bietet auch keine Garantie für eine immer erfolgreiche Organisation, jedoch werden Wahrscheinlichkeiten für einen langfristigen Erfolg erhöht. Mehr dazu finden Sie in diesem Abschnitt ab 1.3.

Wenn es diese Widersprüche oder Maschen gibt, dann sind sie irgendwann meist unbewusst in der Organisation entstanden. Es fand der Wechsel vom Fokus auf die inhaltliche Mission und Kundennutzen zu Effizienz und wirtschaftlichen Wachstum statt.

Wenn dies Widersprüche und Maschen nun wahrgenommen werden, bietet das die CHANCE auf eine Rück- und Neubesinnung auf den Kunden und die eigentliche Mission der Organisation.

Die Welt in einem Dorf
Stellen Sie sich vor, die ganze Welt wäre ein Dorf mit 100 Menschen. In dieser Gemeinschaft kennt man sich persönlich. Man hätte auch eine Verfassung und das Gemeinwohl ist zentral verankert. Es gäbe Geschäfte und Handel, um das Leben im Dorf zu gestalten.

Nun werden Widersprüche nach und nach für alle im Dorf bemerkbar, weil ein Geschäftsführer gerne mehr „Profit" und „Wachstum" auf Kosten anderer machen möchte. Es werden Preise erhöht. Die eigenen Mitarbeiter werden schlechter bezahlt und die Arbeitsbedingungen verschlechtert. Zulieferer werden gegeneinander ausgespielt. Die Gemeinde wird unter Druck gesetzt, bessere Straßen zu bauen. Um das zu tun, sollen die Leistungen für die Schule gekürzt werden.

Macht ist nie einseitig gegeben. Es braucht immer jemanden, der auch folgt.

- Was müsste geschehen, um damit durchzukommen?
- Was ist der Preis und mögliche Auswirkungen solchen Handelns?
- Wie geht die Geschichte für das Dorf weiter (kurz, mittelfristig, langfristig)?

1.2.9   Widersprüche kosten Energie und Fokus

In unserer heutigen dynamischen Welt gibt es in fast jeder Branche Marktdruck durch Marktbegleiter, die dem Kunden mehr Nutzen versprechen und attraktivere Angebote machen.

Gibt es keine gelebte Unternehmensmission, -werte und -vision, dann sind besonders unter Marktdruck Profit und Wachstumswerte handlungsleitende Prinzipien der Geschäftsführung. Diese handlungsleitenden Prinzipien werden oft über hierarchische Macht „top-down" und mit „command-and-control"-Methoden umgesetzt. Es wird versucht, mehr zu steuern und zu kontrollieren, damit die passenden Ergebnisse herauskommen. Entscheidungen stehen nicht im Einklang mit der Mission und dem Leitbild, sondern mit Profit und Wachstumswerten.

Das ergibt dann klare Widersprüche in Bezug auf Marktaussagen, Nutzenversprechen gegenüber Kunden und Gesellschaft sowie auch intern im Kontext der Mitarbeiterführung und Zusammenarbeit.

Das konkrete Handeln in der Organisation steht dann im krassen Widerspruch zu Wert- und Nutzenaussagen. Je mehr Druck, desto klarer kommen diese Widersprüche zum Ausdruck. Uns ist es wichtig, diese negativen Beispiele und Auswirkungen verständlich und klar zum Ausdruck zu bringen. Wir wenden uns in diesem Buch auch den Möglichkeiten des Gelingens – für mehr Wertschöpfung auf allen Ebenen – zu.

Die Menschen in der westlichen Welt haben heute eine gute Allgemeinbildung und einen breiten Zugang zu Medien. Sie durchschauen manche Spiele sehr schnell. Das bedeutet nicht, dass dies offen kommuniziert wird. Schließlich sind im internen Kontext die meisten Beziehungen asymmetrisch. Oben wird bestimmt, wer Karriere macht. Ängste vor dem Jobverlust oder als Querulant abgetan zu werden, der die wirtschaftlichen Tatsachen nicht sehen mag, sind gute Gründe, sich mit Fragen und Kommentaren offiziell zurückzuhalten.

Daher werden diese Arten von Zielkonflikten oft nicht angesprochen. Auch wenn die Geschäftsführung und sicher auch die Mitarbeiter eigentlich eine „offene" Kommunikation wünschen.

Erfahrungen aus Coachings

In Coachings mit Führungskräften aus Konzernen wie aus dem Mittelstand sind in ersten Sitzungen häufig diese Zielkonflikte Thema. Die Führungskräfte sind sehr daran interessiert, dass das Erleben dieser Zielkonflikte wahr ist und dass ihre Wahrnehmung dieser Widersprüche zutrifft. Dann folgt das Ausloten der Möglichkeiten, dies zu verändern im Sinne von: „Change it. Love it. Leave it. Aber bitte nicht jammern." Das schadet der eigenen Gesundheit. Immer wieder verlassen dann Menschen, die sehr engagiert für die Sache sind, ihre Organisation. Ganz selten wird die Chance gesehen, mit der Geschäftsführung direkt diese Widersprüche zu besprechen. Wir stellen in diesem Buch auch einige indirekte Methoden vor, wie diese Zielkonflikte an die Geschäftsführung herangetragen werden können.

Und wie die Geschäftsführung latente Zielkonflikte anspricht, bzw. eine Umgebung schafft, dass diese in die Kommunikation kommen. Wichtig dabei ist, dass es nicht um „Schuld" oder „Versagen" geht, sondern um eine Chance.

In Coachings mit der Geschäftsführung aus dem Mittelstand wird häufig beklagt, dass die Führungskräfte und Mitarbeiter trotz Einladung und den immer offenen Türen nicht kommen. Wenn sie kommen, so die Klage, dann kommen wenig konstruktive und kritische Fragestellungen.

Die gedachten Hürden der Mitarbeiter sind oft: „Mein Chef hat immer eine Antwort." Unbewusst möchte der Mitarbeiter den Chefs gefallen. „Die Chefs haben auch wenig Zeit. Besser nicht mit ‚dummen' Fragen kommen und stören." Viele haben bereits die Erfahrung gemacht, dass „dumme" Fragen im unpassenden Moment zu einer Abfuhr führen können.

Für die Geschäftsführung bleibt ein guter Weg, mehr auf die Führungskräfte und Mitarbeiter aktiv und mit wirklichem Interesse zuzugehen. Das ist im Alltag nicht leicht. Doch es ist möglich, in wichtigen Momenten ganz da zu sein und gut hin- und zuzuhören. Ergänzend sind feste Zeiten für Fragen und Anregungen durch und mit Mitarbeitern sinnvoll. Es geht um den langsamen Aufbau von Vertrauen.

Ohne Klarheit in den Annahmen gibt es mehr Druck und schlechte Ergebnisse

Aus unserer Erfahrung heraus sind, die gegenseitigen Unterstellungen sicher meist keine böse Absichten von der Geschäftsführung und Mitarbeitern. Es wird gehandelt. Meist in „guter" Absicht für die eigenen Ziele. Die zugrunde liegenden Annahmen sind nicht transparent und bewusst. Jede Seite hat ihre jeweils eigene lokale Rationalität, d. h. eigene Aufgaben und Verantwortlichkeiten aus denen Interessen entstehen, die von Führungskräften professionell und mit bester Absicht für die eigenen Ziele umgesetzt werden. Diese lokalen Weltmodelle wirken im eigenen Bereich handlungsleitend. Nun hat jeder Bereich seine eigenen Interessenslagen und versucht, diese optimal durchzusetzen, auch um „oben" zu gefallen. Das führt meist zu Widersprüchen und Zielkonflikten, wenn die gesamte Organisation betrachtet wird. Jeder Bereich, inklusive dem Vorstand, meint aber im Recht mit seiner Sicht und seinem Weltmodell zu sein.

Oft gibt es die Illusion einer Organisation, wie eine „Maschine" zu sein, die gut geölt und mit klugen Prozessen und Strukturen reibungslos funktioniert. Das gibt es nicht. Diese Art von Widerspruch zwischen einer „idealen" Organisation und einer „realen" Organisation wird nicht gesehen, sondern es wird dann durch „Nachbessern" an der Organisation versucht, ihre Prozesse reibungslos zu gestalten. Das wird scheitern. Es gibt immer wieder Zielkonflikte und daran ist nichts

Schlimmes. Es gilt, eine gute Form und Timing zu finden, diese wahrzunehmen, zu besprechen und entsprechend zu handeln. Kap. 2 geht weiter auf die Gründe dieser Zielkonflikte und Möglichkeiten ein, diese konstruktiv anzugehen.

Da diese Widersprüche im internen Bereich meist nicht explizit besprochen werden, kosten sie Energie für alle Beteiligten. Sie prägen die Organisationskultur des Systems. Daraus werden die „wahren" Geschichten hinter dem offiziellen Leitbild, die sich dann als selbsterfüllende Prophezeiung wiederholen, ohne, dass dies jemand möchte. Jeder meint aus guten Gründen im Recht zu sein und für die Interessen der Organisation zu handeln. Allerdings ist „oben" mehr in der Macht. Ihre Sicht dominiert und andere Beteiligte sehen ihr Engagement und ihre Arbeit für die Organisation nicht gewürdigt.

1.2.10 Die Folgen in der Organisation

Es lädt die Mitarbeiter zum „Dienst nach Vorschrift" ein: „Ich kann eh nichts bewegen." Das mangelnde Engagement der Mitarbeiter führt dann zu noch mehr Planung, Steuerung und Kontrolle durch das Management. Dazu wird hierarchische Macht genutzt. All das kostet Engagement für die Sache. Daraus lassen sich aus unserer Sicht auch die Gallup-Umfragen zum Engagement-Index gut erklären (siehe Abb. 1.1) Nur die wenigsten Mitarbeiter verspüren eine hohe Bindung zum Unternehmen. Es gibt eine klare Indikation, was zu tun ist, damit Mitarbeiter sich

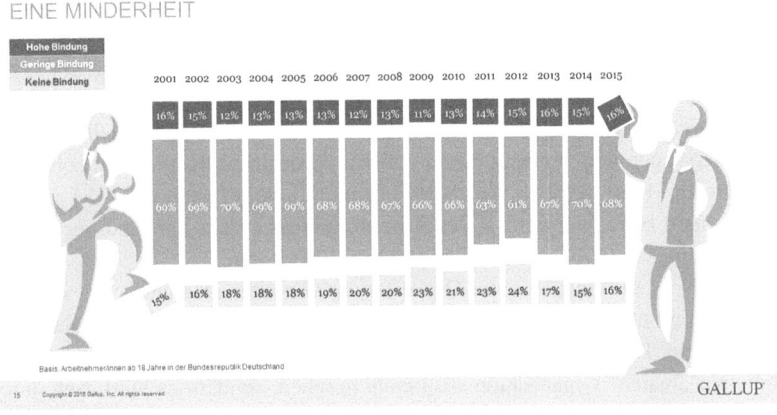

Abb. 1.1 Deutsche Arbeitnehmer ohne Leidenschaft. (Quelle: GALLUP Institut)

emotional und inhaltlich mit der eigenen Organisation identifizieren. Ab Abschn. 1.3 erfahren Sie mehr dazu.
Die Masse der Mitarbeiter bekundet jedoch eine geringe Bindung.

1.2.11 Die Folgen außerhalb der Organisation

Es gibt immer mehr Internet-Portale, die Menschen über Probleme und Missstände aufklären. Sicher gibt es auch positive Berichterstattung und Meinungen zu Organisationen. Immer mehr Menschen und auch Organisationen nutzen das Internet, um Angebote und Anbieter zu recherchieren und zu vergleichen. Durch die zunehmende Digitalisierung wird es immer wichtiger werden, was im Internet über Unternehmen und Angebote zu finden ist.

Portale wie www.kununu.com zeigen auf, wie die Situation in der Organisation aus Sicht der Mitarbeiter eingeschätzt wird. Bewerber gehen inzwischen gezielt auf Bewertungen des möglichen Arbeitgebers bei Bewerbungsprozessen ein. Das kann aus Sicht der Organisation sehr gewünscht sein oder nicht. In Zeiten des demografischen Wandels wird es vermutlich weiter wichtig sein, als Arbeitgeber attraktiv für die Wunsch-Mitarbeiter zu gelten. Das sind im Besonderen die Mitarbeiter, die an das gleiche glauben wie die Organisation, wo der Existenz-Grund der Organisation eine gute Resonanz bei den Mitarbeitern auslöst.

Sicher lässt sich mit kritischem Blick auch feststellen, dass aus organisatorischer Sicht versucht wird, Einfluss auf die Berichterstattung im Internet zu nehmen. Es wird sich zeigen, welche Folgen es in Zukunft haben wird, wenn Berichte und Bewertungen gezielt lanciert werden.

Unternehmen spielen mit ihrer Glaubwürdigkeit im Markt. Nichts verliert sich hier schneller als das Vertrauen. Nichts lässt sich schwieriger wiederaufbauen. Besonders in den Zeiten, in denen sich Kunden immer mehr über das Internet informieren.

1.2.12 Zeit ist ein sehr kritischer Faktor

Schon heute haben wir kaum die Zeit und auch Möglichkeiten, alle Angebote und Argumente zu überprüfen. Wir sind immer mehr bei unseren Entscheidungen auf Vertrauen angewiesen. Dieses Vertrauen basiert auf unseren Erfahrungen mit Produkten und Unternehmen sowie sicher auch auf den Einflüssen des Marketings. Dazu kommen Empfehlungen und Einschätzungen von Kollegen, Freunden aber auch von Fremden im Internet. Diese persönlichen Netzwerke bei Entscheidungsprozessen werden zunehmend wichtiger werden.

In der Organisation spielt Zeit natürlich auch eine große Rolle. Sind Unternehmensmission, Vision und Leitbild im Alltag unklar, weil nach anderen Kriterien gehandelt und entschieden wird, entstehen Unklarheiten. Möglicherweise werden auch Widersprüche erkannt. Das führt zu viel Diskussion in informellen Netzwerken. Diese haben nichts mit der Sache zu tun. Das kostet Zeit und damit Produktivität.

Eine gelebte Unternehmensmission, Vision und Leitbild sparen Zeit. Das reduziert auch Komplexität. Denn die Mitarbeiter und Führungskräfte wissen in wichtigen Fragen, wie sie vorgehen sollen und sie wissen, was wichtig ist. Sie gewinnen Sicherheit und Vertrauen, wenn sie Anerkennung für ihr Handeln bekommen.

Vertrauen ist nach Niklas Luhmann [5] ein Mechanismus zur Reduktion von sozialer Komplexität. Vertrauen steht dann für das Zutrauen zu eigenen Erwartungen. Vertrauen bedeutet, nicht alles zu hinterfragen. Das gibt Sicherheit. Luhmann nennt Vertrauen auch eine riskante Vorleistung. Durch diese Vorleistung wird Zeit gespart. Zeit ist gefühlt etwas, was wir Menschen in der westlichen Welt immer weniger haben.

Aus unserer Sicht ist es daher sinnvoll, sich viel intensiver mit dem Zusammenhang von Vertrauen und Unternehmensmission zu beschäftigen: aus Sicht der Organisationen, der Kunden sowie der Gesellschaft.

Reflexions-Frage: Ist Ihre Organisation positiv erkennbar, vertrauenswürdig oder austauschbar, weil beliebig – im internen und externen Kontext? Wie können Sie Ihre Antwort verifizieren?

Verfassungsgericht als Metapher für Klärungsprozesse
Im politischen Kontext ist es eine Aufgabe des Parlaments, die Kernwerte unserer Gesellschaft zu wahren. Diese sind bei uns im Grundgesetz verankert. Jeder hat Zugang zu den Inhalten. Falls diese in Gefahr sind, kann jeder das Verfassungsgericht ansprechen, um diese Gefahr abzuwenden, bzw. eine Klärung zu erreichen. Das ist der Ort, um sich über die Sache kritisch und offen auseinander zu setzen. Ungeachtet der politischen und gesellschaftlichen Macht können normale Menschen ihre Themen einbringen. In dem Sinn ist dies ein Ort der konstruktiven Klärung im Kontext des Grundgesetzes auf Augenhöhe.

So eine Kontroll-Instanz für Organisationen kann neben internen Foren immer mehr auch das Internet sein. Vielleicht mit Portalen, die gezielt die Einhaltung der Unternehmensmission und Werte thematisieren.

Unternehmen, wie z. B. Patagonia, beziehen auf ihrer Webseite kritische Punkte zu ihrer Unternehmensmission mit ein. Sie laden dazu ein, Fragen – auch sehr kritische – einzubringen. Das Unternehmen geht darauf aktiv ein. Es begrüßt diese Fragen, weil es sich in einem gemeinsamen Wertesystem mit dem Kunden befindet. Die Fragen sind auch Anregungen, die eigene Mission tiefer zu durchdenken und Missverständnisse sowie Probleme aktiv anzugehen. Klar gibt es die Möglichkeiten der Manipulation. Allerdings auch die Möglichkeiten, Manipulation aufzudecken.

Demzufolge ist es sehr wichtig, dass Organisationen sich Vertrauen erarbeiten und vertiefen, indem sie ihre Mission mit ihren Werten auf dem Weg bringen. Transparenz ist dabei auch ein wichtiger Aspekt. Versprechen und Handeln sind kohärent und transparent. Wertschöpfende Führung hat genau dies im Fokus und weiß auch, dass das nicht immer gelingen kann. Wenn arbeitsteilig gearbeitet wird, bilden sich immer lokale Interessenslagen heraus, die in ihren lokalen Bereichen mit der besten Absicht für die Ziele ihre Aufgaben professionell voranbringen. Die Ergebnisse sind aus der Interessenlage verständlich, aus einer anderen Perspektive betrachtet, vielleicht weniger.

Praxis-Beispiel

Auf allen Ebenen einer Organisation wird vertrauensvoll zusammengearbeitet. Jeder Bereich hat viel Gestaltungsspielraum. Qualitätsmanagement wird aus der Sicht professionellen Qualitätsmanagements so weit ausgedehnt, dass die Geschwindigkeit der Produktion darunter leidet und der Vertrieb Klagen von Kunden hört, die nicht schnell genug ihre Lieferungen erhalten. Es braucht dann einen Abgleich der lokalen Interessenslagen in Bezug auf das „große Ganze".

1.3 Vertrauen ist das Schmiermittel

Die Vertrauensforschung hat gesicherte Erkenntnisse aus dem Bereich der BWL und der psychologischen Ökonomik, die aufzeigen, welche vertrauensförderlichen Bedingungen in Organisationen zu guten Ergebnissen für Unternehmen als auch den Menschen in der Organisation führen.

Vertrauen und Vertrauenswürdigkeit führen zu schwer imitierbaren Wettbewerbsvorteilen von Unternehmen. Das belegen Margit Osterloh und Antoinette Weibel in ihrem Buch: Investition Vertrauen [6] an zahlreichen Beispielen.

Vertrauen kann nur der gewinnen, der auch enttäuscht werden kann. Nur durch den Vertrauenssprung, dem Sprung ins kalte Wasser, kann festgestellt werden, ob Vertrauen gerechtfertigt ist. Der Grund, warum man springt, ist die positive Erwartung, nicht enttäuscht zu werden.

Menschen schenken Vertrauen auf der Basis von drei Grundlagen, die auch Abstufungen darstellen.

1. Situationsbasiertes Vertrauen: Wir vertrauen jemanden, wenn wir wissen, dass ein Vertrauensverlust sich schlimmer auswirkt, als ein möglicher Nutzen.
2. Eigenschaftsbasiertes Vertrauen: Wir vertrauen jemanden, wenn wir ihn für fähig, integer und wohlwollend halten.
3. Das identifikationsbasierte Vertrauen ist sehr belastbar. Wir vertrauen Menschen, weil wir wissen, dass sie unsere Werte und Ziele teilen und sich dafür engagieren.

Im ersten Schritt der Vertrauensbildung geht es um Vorleistungen. Diese führen nur langsam zum Aufbau von Vertrauenskapital. Transparenz und Fairness in der Organisation sind die Basis-Zutaten zum Wachstum von Vertrauen. Dieses wächst nach einer gewissen Zeit der kontinuierlichen Bestätigung überproportional.

Fehlverhalten schädigt das aufgebaute Vertrauenskapital allerdings nachhaltig. Vertrauen ist nicht kaufbar. Fehlt Vertrauen, ist Entfremdung und damit kein sinnvolles Engagement für die Sache die Konsequenz.

Vertrauen kann nur geschenkt werden. Allerdings gibt es hierbei eine Paradoxie. Das bewusste Streben nach Vertrauenswürdigkeit kann zerstörerisch wirken. Wer vertrauenswürdig ist, der kann mit der Anerkennung durch andere rechnen. Wer aber bewusst und manipulativ danach strebt, der verliert sie.

Organisationen, die gezielt und gewollt eine Vertrauenskultur als wichtige Basis zur eigenen Weiterentwicklung sehen, achten bei Einstellungsprozessen auf die Werte und Zielsetzungen der Bewerber. Stimmen diese mit denen der Organisation überein?

Vertrauensaufbau kostet Zeit. Vertrauen ist die Basis für wertvolle Resonanzbeziehungen. Eine lohnenswerte Investition ins gemeinsame Tun und für eine gehaltvolle sowie lebendige Unternehmensmission.

Vertrauen spart später Zeit und Energie. Nicht alle Mitarbeiter brauchen und müssen zu jedem Zeitpunkt alles verstehen und können und doch handeln, da sie Vertrauen haben. Das gilt auch für Geschäftspartner, Kunden und Gesellschaft.

Neben Vertrauen gibt es Verständnis und Macht als weitere Möglichkeiten der Einflussnahme auf Handlungen. Siehe dazu auch im 2. Kapitel das Thema laterale Führung.

1.3.1 Checkliste für Sie: Fragen zum Vertrauen in Ihrer Organisation

Praxisfragen

- Wie sehr ist allen verlässlich klar, warum es die Organisation gibt und wie die eigene Mission auf den Weg gebracht werden will?

- Wie viele Chancen habe ich am Tage Resonanzerfahrungen zu machen, die mich im Tun, Handeln und Sein bestätigen?
- Wie gut fühle ich mich beim Gedanken Entscheidungen der Geschäftsführung offen zu hinterfragen?
- Was bedeutet es in der Organisation, Fehler zu machen?
- Wie sehr kann ich meinen Kollegen vertrauen, im Sinne der Mission zu handeln und sich dafür zu engagieren?
- Wie sehr haben Sie Vertrauen in interne Prozesse, dass Zielkonflikte konstruktiv besprochen werden?
- Wie sehr kann ich als Geschäftspartner, Zulieferer und Kunde dem Geschäftsgebaren des Unternehmens trauen?
- Wie sehr profitiert die Gesellschaft vom Unternehmen?
- Wie wenig wird die Umwelt durch das Unternehmen belastet?
- Wie sehr sind die Möglichkeiten transparent und einfach, als externe Partei mit der Organisation über Angebote und Leistungen auch im Kontext von Mission und Werten in Kontakt zu kommen, Kritik zu üben, zu hinterfragen, etc.?

Eine klare und gelebte Unternehmensmission mit einer wertschöpfenden Führung kann da einen klaren Unterschied machen. Dieser wirkt sich positiv auf das Unternehmen, Kunden, Zulieferer, Mitarbeiter, Gesellschaft und auch die Umwelt aus. Dazu braucht es Transparenz und Authentizität. Die Mission gibt die Richtung vor. Alle können sich darauf verbindlich beziehen.

Das bedeutet aber auch, dass es ein Vertrauensbeweis für die „guten" Mitarbeiter ist, die engagiert mitziehen, dass Mitarbeiter, die das nicht tun, sanktioniert werden. Damit ist eine klare und wertschätzende Art gemeint, Werte- und Zielkonflikte ganz deutlich anzusprechen, ein gemeinsames Verständnis herzustellen, Unterstützung anzubieten und im Falle eines bleibenden Dissens, über den Sinn der Fortsetzung der Zusammenarbeit zu sprechen.

1.3.2 Strukturen und Prozesse für die Entwicklung von Vertrauenskultur

Gibt es in einer Vertrauenskultur keine „Kontrolle"? Klar sollte es „Kontrolle" geben. Schon alleine aus dem Wissen, dass wo Menschen arbeiten, Fehler geschehen oder sich Probleme entwickeln können. Es sollten also Feedback-Schleifen realisiert werden. Idealerweise so, dass Teams die Möglichkeit haben, sich Feedback zu Leistungsdaten und Qualität zu besorgen und selbst überprüfen können, ob Ist und Soll zusammenpassen, bzw. ob Optimierungsbedarf gegeben ist. Mitarbeiter, die neue Aufgaben übernehmen, sollten systematische und zeitnahe „Reviews" und Feedback Gespräche über ihre Entwicklung führen können. Je mehr Einarbeitung und Entwicklung, desto weniger häufig braucht es diese Form des Feedbacks.

Wichtig für die Entwicklung einer Vertrauenskultur sind Prozesse und Strukturen, die Begegnungen und Dialog auch zu kritischen Themen zulassen. Diese Begegnungen und Dialoge brauchen einen zentralen Stellenwert in der Organisation. Mitaufgabe von Führung für Wertschöpfung ist, diesen zu gestalten und immer wieder kritisch zu hinterfragen, ob diese so gelebt werden. So lassen sich z. B. feste Zeiten vereinbaren, in denen die Geschäftsführung, bzw. Leistungsträger entsprechend auf anderen Ebenen ansprechbar sind, um genau diese Fragestellungen verlässlich zu bearbeiten. Diese Zeiten müssen quasi „heilig" sein.

Wenn Sie beginnen wollen eine Vertrauens-Kultur aufzubauen, dann starten Sie mit kleinen und kontinuierlichen Schritten, die niemanden überfordern. Die Geschäftsführung sollte da in Vorleistung gehen.

1.4   Wirksame Unternehmensmissionen

Patagonia: „Build the best product, cause no unnecessary harm, use business to inspire and implement solutions to the environmental crisis." – Patagonia's Mission Statement (www.patagonia.com) – Spezialist für Outdoor-Bekleidung. Beste Produkte zu entwickeln und die Umwelt dabei so wenig wie möglich zu belasten stehen im Fokus des Unternehmens.

Patagonia lebt seine Unternehmensmission. Das bedeutet, dass diese für alle Mitarbeiter handlungsleitend ist. Gerade auch in Entscheidungs-Situationen bietet diese Mission eine klare Orientierung. In seinem Buch „Lass die Mitarbeiter surfen gehen" [7] beschreibt Yvon Chouinard eine Situation, die diese Denkweise klarer macht. Das Unternehmen lässt T-Shirts in Portugal färben. Der Geschäftspartner, der ausgewählt wurde, war nicht der günstigste Anbieter, sondern derjenige, der die Umwelt möglichst wenig belastet. Dieses Unternehmen nutzt zwei Filtersysteme. Eines, um Wasser aus dem Fluss zu ziehen. Das boten mehrere Unternehmen. Doch nur ein Unternehmen hat ein zweites Filtersystem, um das Wasser zu reinigen, bevor es wieder in den Fluss geleitet wird.

Sicherlich ist Patagonia auch ein Wirtschaftsunternehmen, welches auf seine Kosten achtet. Doch nicht um jeden Preis. Dieses Beispiel zeigt auf, dass es immer Zielkonflikte gibt. Daher ist es umso wichtiger, eine wertschöpfende Führungskultur zu pflegen, die die Kern-Mission im Fokus hält und Orientierung schafft. Es gibt Räume, um über Zielkonflikte konstruktiv zu sprechen. Diese Räume schaffen Vertrauen. Klar ist, dass diese Prozesse Zeit kosten. Doch sie sorgen für Klarheit und Resonanz sowie dem Gefühl, etwas Sinnvolles beizutragen. Für Kunden und Zulieferer ist diese Mission ebenfalls ein Kontext, auf den sie sich aktiv beziehen können. So verstanden ist die gelebte Mission eine Einladung zu Dialog und Feedback und dadurch auch ein Motor der Weiterentwicklung. Patagonia, Kunden, Gesellschaft und die Umwelt bilden ein gemeinsames Wertesystem, welches sich im Kontext der Mission weiterentwickelt.

dm-drogerie märkte (https://www.dm.de): „Wir möchten der beste Händler für drogistische Produkte sein und gleichzeitig unseren Beitrag zu einer lebenswerten Gesellschaft leisten. Dabei sollen sich die Menschen in der Arbeitsgemeinschaft mit möglichst viel Freiheit und Möglichkeiten zu eigenverantwortlicher Initiative einbringen können und so dieses Einbringen individuell wahrnehmbar machen."

„So wie ich mit meinen Mitarbeitern umgehe, so gehen sie mit den Kunden um." Diese einfache und doch essenzielle Erkenntnis liegt der Arbeitsgemeinschaft dm-drogerie märkte zugrunde. Sie beinhaltet die ständige Herausforderung, das Unternehmen so zu gestalten, dass die Konsumbedürfnisse der Kunden veredelt werden, die zusammenarbeitenden Menschen Entwicklungsmöglichkeiten erhalten und dm-drogerie märkte als Gemeinschaft vorbildlich in seinem Umfeld wirkt.

Christian Harms, Personalvorstand der dm-drogerie märkte, antwortete während einer Lernreise (Learning Journey), zu der wir das Unternehmen besuchen konnten, auf die Frage, wie lange es gedauert hat, die dialogische Art der Zusammenarbeit und Führung zu etablieren: „Wir arbeiten jeden Tag daran."

Sparda-Bank München

Die Sparda-Bank München eG (https://www.sparda-m.de/leitbild.php) fördert auf Dauer die wirtschaftlichen Interessen ihrer Mitglieder, insbesondere durch die gebührenfreie Führung des Lohn-, Gehalts- und Rentenkontos ohne Wenn und Aber.

Die Vision der Sparda-Bank München eG: In ihrem Geschäftsgebiet Oberbayern ist sie die Nummer 1 für den privaten Kunden.

Das bedeutet für die Sparda-Bank:

- Die Kunden sind sehr zufrieden mit unserer Leistung und empfehlen uns begeistert weiter.
- Unsere Mitarbeiter arbeiten gerne für die Sparda-Bank München eG
- In der Region sind wir als attraktiver Arbeitgeber bekannt.
- Unser Marktanteil liegt bei mindestens 15 %.

Nutzen und Gemeinwohl konsequent zu Ende gedacht
Die Sparda-Bank München engagiert sich als erste Bank für die „Gemeinwohl-Ökonomie" [8]. Dieses Wirtschaftsmodell wurde von Christian Felber vorgestellt und hat in kurzer Zeit viele Mitstreiter gewonnen. Weitere Informationen finden sich hier: https://www.ecogood.org.

Zu ihrem Engagement sagt die Sparda-Bank:

> Die Gemeinwohl-Bilanz misst unternehmerischen Erfolg an seinem Beitrag zum Gemeinwohl. Dazu zählen Menschenwürde, Solidarität, ökologische Nachhaltigkeit, soziale Gerechtigkeit und demokratische Mitbestimmung und Transparenz. Zielsetzung ist eine nachvollziehbare und glaubwürdige Einschätzung, was ein Unternehmen im Hinblick auf das Gemeinwohl tut. Die Gemeinwohl-Bilanz und der dazugehörige Gemeinwohl-Bericht liefern eine hohe Transparenz der nachhaltigen Arbeit des Unternehmens mit qualitativer Bewertung.

Die Sparda-Bank lässt sich über die Gemeinwohl-Bilanz an ihrem Handeln messen. Das sorgt für interne und externe Transparenz – die Basis von Vertrauen und für Resonanz-Beziehungen.

Diese Beispiele – es gibt sehr viel mehr davon – zeigen auf, dass wertschöpfende Führung zwingend eine Ausrichtung braucht. Diese bildet den Kontext, in dem sich die Organisation bewegt. Dieser Kontext schafft Raum für interne und externe Resonanz, für Dialog und Vertrauen.

Der Prozess beginnt schon bei der Einstellung. Diese Unternehmen achten mehr auf den Match bei der Unternehmens- und persönlichen Mission. Welcher Beitrag will gemacht werden? Warum ist das wichtig? Die innere Einstellung ist für diese Organisationen wichtiger. Fachliche Themen lassen sich leichter lernen.

Eine Unternehmensmission bewegt und erzeugt Resonanz
Die Unternehmensmission und die dazugehörigen Werte wirken handlungsleitend. Sie wirkt inspirierend. Sie setzt Engagement frei. Sie ist markt- und kundenorientiert. Sie hat automatisch Innovation und Produktivität zum Thema. Etwas soll besser werden. Sie bewegt. Die Mitarbeiter glauben an die Unternehmensmission. Sie sind Teil dieser Organisation und Bewegung. Gemeinsam entsteht etwas „Größeres".

Sie ist nicht konfliktfrei im positiven Sinne. Zielkonflikte werden mit einer wertschöpfenden Führung als Bereicherung und Motor der Weiterentwicklung betrachtet. Diese Unternehmen gehen davon aus, genau die richtigen Mitarbeiter an Bord zu haben und trauen ihnen etwas zu. Es wird fair und transparent an der Mission gearbeitet, bis Mitarbeiter nachhaltig belegen, dass dem nicht so ist.

Klar ist auch, dass Sie nicht einfach ein anderes Konzept auf Ihre Organisation stülpen können und dann wird alles gut. Jede dieser Organisationen ist individuell und unterschiedlich in ihren jeweiligen Märkten unterwegs. Sie können jedoch von diesen Organisationen lernen, dass es geht, sich anders aufzustellen und im Markt zu arbeiten. Das bedeutet:

- Ausrichtung aller Mitarbeiter auf Ihre Unternehmensmission und Vision.
- Etablierung einer neuen Art der Zusammenarbeit, in der Werte gelebt werden, die Ihnen in der internen und externen Zusammenarbeit wichtig sind.
- Sensibilisierung aller Mitarbeiter auf Ihr Geschäftsmodell.
- Komplexität handhaben lernen. Achtsam auf Probleme in der Organisation reagieren.
- Innovationen für Kunden auf den Weg bringen. Experimente wagen.
- Entsprechende Handlungskompetenzen Schritt für Schritt aufbauen.

▶ **Praxistipp Lernreise** Sie können beispielsweise eine Lernreise zu einer Organisation unternehmen, die Sie sehr anspricht und/oder was in einem speziellen Feld Herausragendes leistet. Die meisten Organisationen sind sehr offen zu solchen Anfragen. Wir haben beispielsweise u. a. die dm-drogerie märkte gefragt, ob wir zum Thema Führung und Veränderung mit der Geschäftsführung ein Gespräch haben können. Wir hätten Fragen und Interesse an ihren Erfahrungen. Sie sagten gerne mit der Begründung zu, dass es ihnen immer wieder wichtig ist, anhand von Fragen ihre eigene Praxis zu reflektieren. Die Lernreise hat uns beide sehr beeindruckt.

Sie können bei Ihrer Lernreise Ihre Fragen zu einem speziellen Thema klären. Sie können nach Erfahrungswerten, Stolpersteinen und unerwünschten Aus- und Nebenwirkungen fragen. Sie können danach ein konkretes Projekt mit Beteiligung der Geschäftsführung aufsetzen und „neue" Wege konkret gehen. Erfahrungen reflektieren und im Erfolgsfall diese neuen Wege weiter in die Organisation bringen. Dazu empfiehlt sich eine externe Begleitung, die auch kritische Fragen stellen mag und darf. Dazu mehr im Kapitel über Tools [5].

1.5 Wirtschaftlicher Erfolg von Unternehmen mit gelebter Unternehmensmission

In dem Buch „Firms of Endearment" [9] beschreiben die Autoren Unternehmen, die einen klaren „purpose", also Zweck verfolgen.

Tab. 1.1 Die Performance von „firms of Endearment" im Vergleich zum S&P500 und „Good to Great Companies". (Quelle: [10])

Cumulative Performance	15 years (%)	10 years (%)	5 years (%)	3 years (%)
US FoEs	1681	410	151	83
International FoEs	1180	512	154	47
Good to great companies	263	176	158	222
S&P 500	118	107	61	57

Diese sind nachweislich wirtschaftlich sehr erfolgreich. Sie schlagen den S&P 500 (Faktor 14) und die von Jim Collins untersuchte Unternehmen „Good to Great" (Faktor 6) auch in einem 15 Jahres Vergleich (siehe Tab. 1.1 für Details). Unter den Unternehmen befindet sich das oben aufgeführte Unternehmen Patagonia.

Uns geht es dabei weniger um die absoluten Zahlen. Uns ist es wichtig aufzuzeigen, dass es sehr wohl möglich ist, gesellschaftlichen Nutzen und unternehmerischen Erfolg zu verbinden. Wir behaupten, langfristig ist das der einzige Weg, der auch nachhaltig und wertschöpfend für alle Stakeholder ist.

Der Kern der Sache aus Sicht der Autoren ist, dass diese Unternehmen zu allen „Stakeholdern", d. h. zu allen Beteiligten intern und extern, zwei Arten von Verträgen unterhalten.

Es geht um explizite, meist schriftliche Verträge, die in der Regel rechtliche Themen abdecken sowie um quantitative Leistungskriterien.

Entscheidend – so die Studie – sei aber der emotionale Vertrag. Dieser ist meist implizit. Dabei geht es um qualitative Erwartungen. Diese entsprechen auch den moralischen und ethischen Vorstellungen der „Stakeholder". Was möchten Sie erleben? Was weniger? Was möchten Sie erreichen?

Die fünf wichtigsten „Stakeholder" von den beschriebenen Organisationen sind:

- Gesellschaft: u. a. Gesetzgebung, lokale und regionale Gemeinschaften, NGOs, Umwelt
- Partner: Geschäftspartner wie Zulieferer, Vertriebspartnerschaften wie Handel
- Investoren: Individuelle Investoren aber auch Institutionen
- Kunden: Individuelle Kunden
- Mitarbeiter: Vergangene, gegenwärtige und zukünftige Mitarbeiter und deren Familien

Jeder dieser Stakeholder ist mit den anderen vernetzt. Jeder „Stakeholder" ist mit jedem anderen in Beziehung und ein wesentlicher Teil des Puzzles. Aufgabe und Zielsetzung sind:

- In den Beziehungen gibt es jeweils immer eine Win-win-Beziehung, d. h., jeder Stakeholder hat einen Nutzen aus der Beziehung.
- Die Interessen aller Stakeholder sind auf etwas Gemeinsames ausgerichtet.

Die Summe des Ganzen ist größer als die Einzel-Interessen, so lässt sich die Erkenntnis aus der Studie zusammenfassen. So wird der Nutzen für die Gemeinschaft maximiert.

So muss für uns die unternehmerische Zukunft gestaltet sein, um im Markt und der Gesellschaft erfolgreich zu sein. Das egoistische Denken, nur Profit auf Kosten von anderen zu machen, wird auch durch die Transparenz des Internets nicht mehr funktionieren. Nachhaltigkeit, auch wenn es bei uns schon ein wenig abgenutzt klingt, ist das Maß der Dinge. Sind alle Stakeholder mit der Wertschöpfung und den Aus- und Nebenwirkungen zufrieden?

Das entspricht ganz den Aspekten des Vertrauens und der Authentizität im Kontext der Mission oder des „purpose" (Sinn, Zweck des Unternehmens) für Mitarbeiter, Geschäftspartner, Kunden und Gesellschaft.

Ist der emotionale Kontrakt gestört, dann kaufen Kunden nicht mehr, Mitarbeiter stoppen ihr Engagement, Zulieferer werden weniger zuverlässig agieren.

Dagegen schützen Verträge wenig.

Viel wichtiger ist das Vertrauen in die Unternehmensmission und deren Umsetzung. Vertrauen in Beziehungen erzeugt Komplexitätsreduktion. In unserer heutigen Zeit eine Art neue „Währung"?

Der ehemalige McKinsey Berater Frederic Laloux beschreibt in seinem Buch [11] „Reinventing Organizations" eine Reihe von Organisationen, die integral arbeiten. Damit sind Organisationen gemeint, die ganzheitlich, selbst-organisierend und Sinn erfüllend ihre Mission verfolgen. Profitabel sind alle beschriebenen Organisationen. Teilweise sind es Konzerne von bis zu 40.000 Mitarbeitern.

▶   Diese Konzepte und Erfolge können den Gedanken hervorbringen, die
    eigene Organisation möglichst schnell in ähnlicher Weise zu gestal-
    ten. Sicher ist daher hier auch der kritische Hinweis angebracht, dass
    es vermutlich auch Organisationen gibt, die damit nicht so erfolgreich
    sind und scheitern. Die Bücher darüber sind nicht so zahlreich und
    populär.

Auch Sie können diese Konzepte nicht einfach in Ihre Organisation kopieren. Jede Organisation hat ihre ganz eigenen Stärken und Herausforderungen sowie Marktbedingungen. Jede Organisation hat Mitarbeiter, Führungskräfte und Geschäftsführung, die jeweils einen anderen professionellen Reifegrad in Bezug auf eigenständiges und selbstverantwortliches Arbeiten für sich und im Team haben. Dazu gibt es die bisherigen Strukturen, Prozesse und Spielregeln, die sich über Jahre entwickelt und zumindest bis jetzt Erfolg gebracht haben.

Veränderungskonzepte sollten da ansetzen, wo die Organisation und die Mitarbeiter aktuell stehen, statt von heute auf morgen eine Organisation schnell drehen zu wollen.

Die meisten Unternehmen, die im Buch von Frederic Laloux genannt sind, haben ihre Organisationen nach Krisen Schritt für Schritt umgebaut. Geschäftsführer hatten verstanden, dass es so wie bisher nicht weitergehen kann. Sie glaubten an die Neuausrichtung mit einer klaren Unternehmensmission und sie glaubten, dass sie die richtigen Leute haben. Das gilt auch für die dm-drogerie märkte.

Aus unserer Sicht sollten Organisationen immer mit Experimenten starten und dabei offen für Feedback sein. So werden eigene Erfahrungen gemacht und die Organisation kann einzigartig sein und werden, statt eine Kopie zu sein.

In jedem Fall lässt sich sagen, dass es Organisationen gibt, die mit diesen „agilen" Konzepten erfolgreich sind. Sie sind in der Regel schneller als andere Unternehmen, intensiver im Dialog mit Mitarbeitern, Kunden, Partnern und die Mitarbeiter sind für die Sache sehr engagiert.

Diese erfolgreichen Organisationen kommen aus unterschiedlichen Branchen. Einige davon sind auch in der Studie „Firms of Endearment" aufgeführt. Die Organisationen in dieser Studie basieren auf drei wesentlichen Prinzipien: Selbstführung, Ganzheit und evolutionärer Sinn. Dieser evolutionäre Sinn entspricht in der Art der Idee der gelebten Unternehmensmission mit einer wertschöpfenden Führung, die diesen Rahmen hält. Das sind im Prinzip ähnliche Erkenntnisse wie sie auch Frederic Laloux herausgearbeitet hat.

Dadurch entsteht intern und extern Vertrauen in Bezug auf die Leistungen des Unternehmens. Auch das Unternehmen Gallup hat in einer großen Studie nachgewiesen, dass hohe emotionale Bindung zum Unternehmen, d. h. zur Mission, einen großen wirtschaftlichen Unterschied macht (siehe dazu Abb. 1.2). In Organisationen mit hoher emotionaler Bindung gibt es in Arbeitsgruppen bis zu 65 % weniger Fluktuation und 41 % weniger Qualitätsmängel. Die Produktivität liegt

Arbeitsgruppen mit hoher emotionaler Bindung – die oberen 25% – weisen gegenüber Arbeitsgruppen mit niedriger emotionaler Bindung – die unteren 25% – im Schnitt folgende Unterschiede auf:

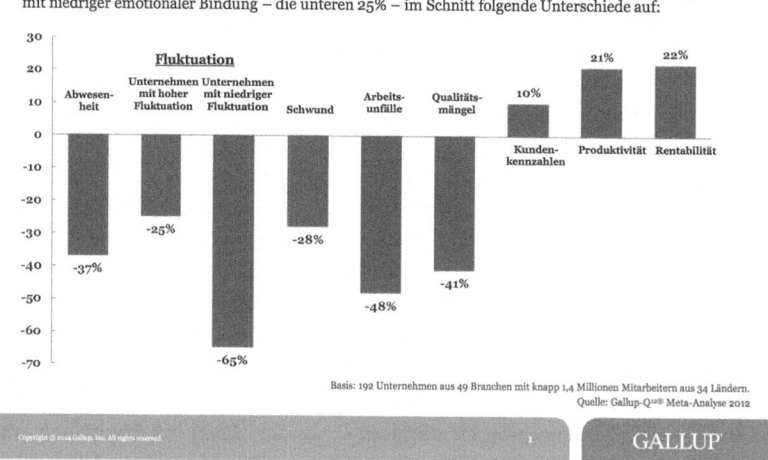

Basis: 192 Unternehmen aus 49 Branchen mit knapp 1,4 Millionen Mitarbeitern aus 34 Ländern.
Quelle: Gallup-Q¹² Meta-Analyse 2012

GALLUP

Abb. 1.2 Welche Faktoren zahlen sich in barer Münze aus? (Quelle: GALLUP Institut)

um 21 und die Rentabilität um 22 % höher. Ein gutes Arbeitsumfeld kann eine Menge bewegen.

1.6 Führung für Wertschöpfung

Führung für Wertschöpfung nutzt die Unternehmensmission als Kompass, hat den Markt und Kunden im Blick. Die Welt des Kunden wird verbessert, da die Führung und Organisation die Wertschöpfung für den Kunden im Fokus hält. Wertschöpfung für den Kunden und die Gesellschaft ist das Zentrum des Handelns in der Organisation.

Führung für Wertschöpfung in diesem Sinne findet überall in der Organisation statt und nicht nur in der Unternehmensspitze, bzw. -zentrale:

- Weil sich jeder in der Organisation mit der Mission und den Werten identifiziert.
- Weil sich jeder für diese Ziele engagiert.
- Weil Weiterentwicklung und Innovation für einen besseren Nutzen im Denken und Handeln der Organisation fest verankert sind.
- Weil die richtigen Mitarbeiter und Partner an Bord sind.

- Weil Dialog und Vertrauen zentrale und vitale Elemente der Organisation sind.
- Weil klar ist, dass Führung nur in der Zentrale zu langsam ist und die Intelligenz aller nicht nutzt.

Sicher ist auch klar, dass das eine ideale Beschreibung ist. Die Organisationssoziologie und -psychologie zeigt auf, dass wir im Alltag nicht immer das Große und Ganze auf dem Schirm haben können. Dadurch, dass es in Organisationen eine Aufgabenteilung gibt (nicht jeder kann alles), bilden sich lokale Interessenslagen. Diese werden auch mit dem Großen und Ganzen in Verbindung gebracht, d. h. jeder Bereich gibt sein Bestes. Das geschieht jedoch aus der Perspektive der jeweiligen Interessenslage. Daraus entstehen Zielkonflikte.

Wertschöpfende Führung sollte das im Blick haben und dafür sorgen, dass diese Zielkonflikte wertschätzend thematisiert werden.

Es wird in der Realität sicher nicht jeder Mitarbeiter sein, der sich uneingeschränkt mit der Organisation identifiziert. Doch die Masse der Mitarbeiter sollte hinter dem Unternehmen stehen. Auch im Interesse der Mitarbeiter selbst, die so die Chance haben sich als „wirksam" für eine „größere" und „sinnvolle" Sache einzubringen.

Wichtig ist auch der Hinweis, dass jede Lösung seinen Preis hat. In Organisationen, die mehr selbstorganisiert arbeiten, gibt es sicher mehr Koordinierungsaufwand und Abstimmungen zwischen Teams und Bereichen. In diesem Rahmen entstehen natürlich auch Zielkonflikte. Diese werden jedoch eher als Motor der Entwicklung verstanden und für Verbesserungen angegangen.

Geht es dabei nur um Premium-Geschäftsmodelle?

Um einen Einwand vorwegzunehmen: Southwest Airlines ist seit langer Zeit ein sehr erfolgreiches Unternehmen. Schon immer arbeiten sie im unterem Preissegment und sind dabei sehr profitabel. In der Studie der Vertrauensforschung [4] und bei „Firms of Endearment" [9] liegen sie vorne. Oberste Firmenphilosophie war und ist es, das Wohlergehen der eigenen Mitarbeiter im Fokus zu halten. Gelingt das, so die Argumentation, dann sind die Kunden in der Folge zufrieden. D. h. das Geschäft von Southwest Airlines läuft nicht auf Kosten von Mitarbeitern und Kunden.

Ein weiterer wichtiger Punkt: Das Wertschöpfungsmodell der Organisation und die Umwelt mit ihrer Dynamik stehen in Wechselwirkung. Das, was heute noch prima funktioniert, wird vielleicht schon morgen so nicht mehr funktionieren. D. h. die Führung und Mitarbeiter müssen sehr wachsam sein und die internen sowie externen Veränderungen und Spannungen früh wahrnehmen. Die Wahrnehmungen müssen in die konstruktive Kommunikation kommen, um mögliche Anpassungen auf den Weg zu bringen. Das ist keine leichte Aufgabe im Alltag. Davon erfahren Sie im 2. Kapitel mehr.

1.7 Peter F. Drucker's Reflexionsfragen: Die fünf entscheidenden Fragen des Managements

Peter F. Drucker, der große Management-Vordenker, hat in seinem kleinen und klaren Buch: „Die fünf entscheidenden Fragen des Managements [3]" ein Instrument zur strategischen Selbsteinschätzung entworfen.

„Das „self-assessment", die Selbsteinschätzung, ist eine Methode, um zu beurteilen, was man tut, warum man es tut und was man tun muss, um die Leistung einer Organisation zu verbessern."

Eigentlich entstand das Buch, um gemeinnützigen Organisationen etwas an die Hand zu geben, um die Absichten der Organisationen besser auf den Weg zu bringen. Gemeinnützige Organisationen arbeiten meist mit ehrenamtlichen Mitarbeitern und brauchen daher ein noch wirksameres sowie professionelleres Management und Führung als gewinnorientierte Unternehmen. Für diese, das machte Peter F. Drucker immer klar, besteht der exakt gleiche Bedarf.

Die fünf entscheidenden Fragen lauten:

1. Was ist unsere Mission?
2. Wer ist unser Kunde?
3. Worauf legt der Kunde Wert?
4. Was sind unsere Ergebnisse?
5. Was ist unser Plan?

Die erste Frage: „Was ist unsere Mission?" ist dabei zentral und überlagert alle anderen Fragestellungen. Eine Unternehmensmission sollte, so wie Peter F. Drucker meinte, auf ein T-Shirt passen. Sie sollte inspirieren. Sie macht Kernwerte und Zielsetzungen deutlich. Sie sollte nie dem Gewinnstreben untergeordnet werden.

Ein „Mission Statement" ist dann wirklich nützlich, wenn es aktiv von allen in der Organisation gelebt wird und handlungsleitend wirkt. „Höchste Weisheiten sind belanglose Daten, wenn man sie nicht zur Grundlage von Handlungen und Verhaltensweisen macht" (Peter F. Drucker).

1.8 Zusammenfassung: Führung für mehr Resonanz und damit Wertschöpfung

Es gibt eine Reihe von sehr guten Gründen, die Frage der Unternehmensmission ernsthaft neu zu überdenken.

Das macht aber nur dann Sinn, wenn Sie nicht denken, dass das eine „Marketing Sache" sei, bei der es darum geht, auf raffinierte Weise Kunden für sich zu gewinnen. Dann landen Sie schnell bei den Punkten aus 1.3.

Es mag Geschäftsführer geben, die glauben, sich über eine spezifische Unternehmensmission einzuschränken. Doch Organisationen, die eine sehr offene Unternehmensmission wählen, werden meist bemerken, dass sie im gewissen Sinne beliebig im Markt sind. Sie stehen für nichts wirklich. Besser ist es, spezifisch und erkennbar im Markt zu sein.

Die Geschichte mit der Unternehmensmission ist kein Marketing Gag. Es geht um tiefe Überzeugungen, um Vertrauen und Leidenschaft für die Unternehmensmission. Dafür, dass etwas Besseres entsteht, was in der Summe mehr Nutzen in und für die Gesellschaft stiftet. Nur das wird nachhaltig alle „Stakeholder" bewegen und zu Fans machen.

In der heutigen Zeit macht es Sinn, Mission und Wertschöpfungsprozesse immer wieder zu reflektieren. Wir leben in einer sehr komplexen und dynamischen Zeit. Was heute funktioniert, kann morgen schon Geschichte sein. Das ist wichtig. Die Mission, das Leitbild und das Geschäftsmodell müssen immer wieder auf Stimmigkeit im internen und externen Kontext geprüft werden.

- Profit und Wachstum sind Folgen und nie Zweck von Organisationen; sonst arbeiten sie irgendwann auf Kosten von Mitarbeitern, Kunden, Gesellschaft und Umwelt. Die Gesellschaft zahlt die Folgekosten.
- Unser aktuelles Wirtschaftssystem kann nur durch Dynamik Stabilität erreichen. Es muss kontinuierlich Wachstum, Beschleunigung und Innovation erzeugen. Doch nicht alles lässt sich beliebig beschleunigen. Qualitativ hochwertige menschliche Begegnungen inner- und außerhalb der Organisation brauchen Zeit.
- Eine einzigartige Unternehmensmission verfolgt transparent einen klaren Nutzen für Kunden und Gesellschaft.
- Führung für Wertschöpfung hat die Unternehmensmission, Vision und Werte im nachhaltigen Fokus.
- Vertrauen ist das Schmiermittel in Organisationen. Führung für Wertschöpfung hat internes und externes Vertrauen im Fokus.
- Vertrauen wird immer mehr ein Wettbewerbsvorteil, da Vertrauen auch Zeit spart. Zeit wird gefühlt immer knapper.
- Führung für Wertschöpfung stellt sicher, dass es konstruktive Verfahren gibt, Zielkonflikte inner- und außerhalb der Organisation zu bearbeiten.

- Führung für Wertschöpfung minimiert Entfremdung in der Gesellschaft und fördert die Möglichkeiten, Resonanzbeziehungen zu erleben. Je mehr dies geschieht, desto lebenswerter wird das Leben in der Gesellschaft empfunden.
- Führung für Wertschöpfung bietet allen Mitarbeitern mehr Gestaltungsspielraum, breitere Beteiligungsformen sowie Selbstverantwortung, statt „Führung" nur in der Zentrale. Alle Mitarbeiter sollten die Chance haben, sich weiter zu entwickeln, um auch morgen noch Teil der Wertschöpfung zu sein.
- Führung für Wertschöpfung weiß um die Paradoxien und Zielkonflikte, die in Organisationen entstehen und findet Räume, um diese zu klären. Es bedeutet auch, dass dieser Punkt nicht immer zeitnah gefunden wird. Menschen machen Fehler.
- Organisationen mit einer gelebten Mission, die ganzheitlich, selbstorganisierter und sinnstiftend arbeiten, sind wirtschaftlich erfolgreich.

Auch innerhalb einer Organisation für Wertschöpfung wird es „Paradoxien" und „Machtspiele" geben. Überall, wo es eine formale Organisationsstruktur gibt, wird es auch eine informelle Struktur geben. Es ist wichtig zu verstehen, dass das so sein wird. Nicht alles wird sich in offiziellen Dialogrunden transparent besprechen lassen.

Manchmal gelingt es auch, die Mission zu erfüllen. Gratulation. Ist das der Fall, sollten Sie die Organisation schließen. Oder aber eine neue Mission erfinden, die Sinn für Kunden macht. So verstanden ist es äußerst wichtig, die eigene Mission immer wieder zu überprüfen.

1.9 Praxistipp: Handlungsempfehlungen und Ideen für mehr wertschöpfende Führung

Gehen Sie mit einem Team von freiwilligen Leistungsträgern los, um Ihre unternehmerischen Eckpfeiler zu überprüfen, anzupassen und zu revitalisieren. Vorab ein paar Definitionen:

Vision
Es gibt ja die Meinung, dass wer Visionen hat, zum Arzt gehen soll. Doch ohne Vision hat jeder Mitarbeiter eigene Bilder von dem, was sein kann. Es fehlt Ihrem Unternehmen ein gemeinsames Bild. Es ist das Bild einer gemeinsamen, faszinierenden und realisierbaren Zukunft. Es beschreibt, zu was Ihre Organisation wird, wenn Ihre Mission erfolgreich im Markt ist. Die Vision wird immer wieder angepasst, da sie immer einen Zustand in der Zukunft beschreibt.

Mission

Ihre Mission ist der grundsätzliche langfristige Zweck, der Nutzen, den Sie für Ihre Kunden in deren Welt erfüllen. Die Mission beschreibt Ihre inhaltliche Ausrichtung. Sie gibt Antwort auf die Fragen: Warum und wofür gibt es Ihre Organisation? Welchen sachlichen Nutzen stiften sie? Welche emotionale Bedeutung hat das für Ihre Kunden und Gesellschaft?

Werte/Leitbild/Leitlinien

Ihre Werte oder Ihr Leitbild fassen Ihre Ideen zusammen, in welcher Weise Sie in Ihrer Organisation zusammenarbeiten wollen, um Ihre Mission und Vision in die Welt zu bringen. Sie legen den Rahmen für das tägliche Miteinander der Mitarbeiter in der Organisation fest. Sie sollten nicht zu viele davon haben. Sie sollten sich hüten, zu sehr ins Detail zu gehen. Es sind eher Leitplanken, die den groben Rahmen festlegen. Wichtig: Diese sollen und müssen für alle gelten. Die Werte und Leitlinien machen nur im Kontext von Mission und Vision Sinn.

Für Ihre konkrete Praxis

Klar ist, dass sich in jeder Organisation Gedanken über den Sinn und Zweck gemacht werden. Auch darüber, wie die Organisation in einigen Jahren sein wird. Die spannenden Fragen sind:

- Wie sehr ähneln sich diese Gedanken?
- Lösen diese Gedanken eher positives und zupackendes Engagement oder eher „Dienst nach Vorschrift" in der Organisation aus?
- Welchen Auswirkungen haben diese Gedanken außerhalb der Organisation?
- Was sind Ihre Ergebnisse in der Organisation?

Sie können nun mit den folgenden Reflexionsfragen weitermachen, um Ihre Mission tiefer zu durchdenken und möglicherweise neu auf den Weg zu bringen.

Diese Reflexionsfragen können Sie sehr gut für ein gesamtes Unternehmen nutzen. Sie profitieren sicher auch davon, wenn Sie diese Fragestellungen auf Ihren Bereich, Abteilung und Team anwenden und aktiv leben.

Einschätzungsfragen

Wie wirkt „Marktführerschaft" oder „Umsatz" als Hauptzweck einer Organisation auf Sie?

Stellen Sie sich vor, Ihnen stellt ein Geschäftsführer sein Unternehmen vor. Er möchte Sie als Kunden gewinnen und antwortet auf die Fragen: Wofür gibt es sie? Wofür setzen Sie sich ein?

„Wir wollen Marktführer sein. Wir wollen unseren Umsatz steigern."
Wie sehr spricht Sie das an? Wie interessant klingt das für Sie?

Eigene Mission
Vorbereitung: Fragen Sie sich und Ihre Mitarbeiter, bzw. lassen Sie das über einen Berater mit herausarbeiten, indem viele Mitarbeiter, Geschäftspartner und auch Kunden darüber befragt werden. Sie können für eine Bearbeitung eine Betriebsversammlung machen, eine Kunden- und Nicht-Kunden-Konferenz als Vorbereitung nutzen, oder beliebig kreativ sein. Eines sollten Sie in jedem Fall vermeiden: Sich eine Unternehmensmission von einem Beratungsunternehmen schreiben lassen oder einfach etwas kopieren.

Es handelt sich keinesfalls um ein SMART Ziel sondern um ein Annäherungsziel oder auch um etwas was man vermeiden möchte (siehe z. B. das Mission Statement von Patagonia oder dm-drogerie märkte).

Patagonia nahm sich beim Zelten eine Woche Zeit, um in einer Krise diese Frage klarer für sich mit allen Mitarbeitern zu beantworten.

Nehmen Sie sich ein bis zwei Tage mit Ihren Mitarbeitern und diskutieren Sie diese Fragen (siehe Abb. 1.3) vor dem Kontext Ihres aktuellen Geschäftsmodells.

Wofür gibt es Ihr Unternehmen? Was ist der Nutzen, der für Kunden und Gesellschaft entsteht? Falls es Ihr Unternehmen nicht gäbe, was wäre der gute Grund, es sofort zu gründen?

Wie sehr steht Ihre Mission (Vision und Werte) nachhaltig im Zentrum Ihres Handelns? Wie profitieren Ihre Mitarbeiter, Geschäftspartner und Gesellschaft davon (aus unserer Sicht die wichtigste Fragestellung)? Mit welchen Auswirkungen?

Wie sehr unterstützt wertschöpfende Führung diese Unternehmensmission? Wie viel Raum geben Sie diesen Fragestellungen im Alltag? Wie sehr werden Zielkonflikte positiv, konstruktiv und transparent besprochen?

Abb. 1.3 verdeutlicht den Zusammenhang von Mission, Vision und Werte. Sind diese Themen geklärt, bildet dies die Basis für eine Führung, die Wertschöpfung in der gesamten Organisation im Fokus hält. Es ist die zentrale Aufgabe der Führung, den Rahmen dafür zu halten.

Durch die Strukturen wie Aufgabenteilung und Bereiche, die in Organisationen zu finden sind, wird es immer wieder die Aufgabe geben, den Zusammenhang zur Unternehmensmission herzustellen.

Gleichzeitig wird es immer Zielkonflikte und Widersprüche geben, die durch die Aufgabenteilung zwangsläufig entstehen. Stefan Kühl und Judith Muster haben das in ihrem Buch „Organisationen gestalten" [12] anschaulich beschrieben. Führung für Wertschöpfung weiß um diesen Tatbestand. Es geht darum,

Wesentlich – nicht nur für Ihre Kunden:
Zuerst Mission, dann Vision & Werte

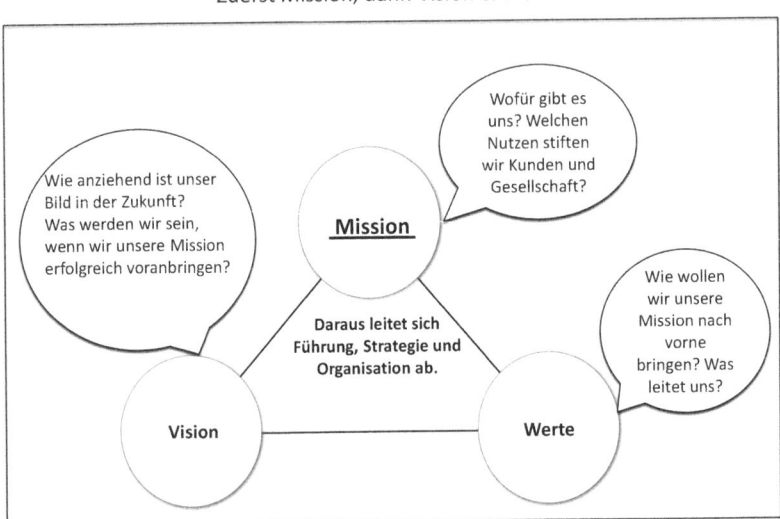

Führung für Wertschöpfung hält diesen Rahmen transparent. Für die richtigen Kunden.

Abb. 1.3 Führung für Wertschöpfung hält den Fokus auf Unternehmensmission, Vision und Werte. Für interne und externe Resonanz.

einen guten Umgang dafür zu finden. So gesehen, ist die Aufgabe wertschöpfender Führung sehr komplex. Es lässt sich nicht mit einfachen Lösungen angehen. Das eigene Geschäftsmodell muss vor dem Hintergrund eines dynamischen Marktes aktiv berücksichtigt werden. Das braucht Zeit und eine Kultur für Diskurse im Kontext des Geschäftsmodells und Unternehmensmission. Wir werden am Anfang des zweiten Kapitels aufzeigen, dass es aktuell dynamisch und komplex bleiben wird.

Wenn Sie sich dazu entschließen, dass Sie die richtigen Mitarbeiter haben, dann sollten Sie die Mitarbeiter mehr dafür gewinnen, auch Verantwortung für Ihre gemeinsame Mission zu übernehmen. Dazu braucht es vielleicht mehr konkrete Handlungskompetenzen, die sich am besten beim praktischen Arbeiten entwickeln lassen.

Alle Mitarbeiter sind Teil der Wertschöpfung. Sie müssen sich kontinuierlich weiterentwickeln, um auch morgen Teil und Motor dieser Wertschöpfung zu sein. Wichtige Felder sind dabei aus unserer Überzeugung: Umgang mit Komplexität,

Wahrnehmung von Veränderungen in der Organisation und im Markt (Kunden, Wettbewerb, Technologie, Gesellschaft), Verständnis des eigenen Geschäftsmodells und Know-how in Innovations-Prozessen.

Innerhalb dieses Rahmens wird es immer wieder auch Zielkonflikte geben. Das Umgehen dieser Konflikte ist problematisch. Das Vermeiden von Zielkonflikten durch die „perfekte" Organisation ist sehr problematisch. Es wird in Organisationen immer Zielkonflikte geben. Das konstruktive und transparente Angehen von Zielkonflikten ist professionelle Weiterentwicklung.

Sicher ist es auch wichtig zu erwähnen, dass alle Beteiligten ausserhalb der Organisation auch ein Leben haben sollten, dass individuell Sinn macht. Eine einseitige Ausrichtung nur auf die Organisation ist sicher ungünstig. Familie, Freunde, Hobbys können vielfältig Sinn stiften. So wird auch klar, dass es auch auf dieser Ebene Interessenskonflikte gibt, die es zu lösen gilt.

Vertrauen

Falls Sie etwas Neues auf den Weg bringen wollen, sollten Sie in einem Führungsteam und breiter Beteiligung der Mitarbeiter auch über das Thema Vertrauen sprechen.

Wie wichtig ist es Ihnen, dass Sie sich untereinander vertrauen?

Wie wichtig ist es Ihnen, dass Ihnen Ihre Zulieferer, Geschäftspartner, Kunden und Gesellschaft vertrauen?

Wie lassen sich Vertrauensprozesse in die gewünschte Richtung verändern?

Ins aktive Handeln kommen Sie und Ihr Team sicher nur dann, wenn Sie einen positiven Affekt generieren können, also wenn Sie und das Team dem Ganzen emotional sehr positiv gegenüberstehen und ein positives gemeinsames Zukunftsbild haben. Viel Erfolg für den ersten und sehr wichtigen Schritt.

Literatur

1. Foerster, H. von. (1993). *Wissen und Gewissen*. Frankfurt a. M.: Suhrkamp Taschenbuch Wissenschaft.
2. Kahneman, D. (2014). *Schnelles Denken, langsames Denken* (20. Aufl.). München: Pantheon Verlag.
3. Drucker, P. F. (2009). *Die fünf entscheidenden Fragen des Managements*. Weinheim: Wiley-VCH.
4. Rosa, H. (2016). *Resonanz. Eine Soziologie der Weltbeziehung*. Frankfurt a. M.: Suhrkamp.
5. Luhmann, N. (2000). *Vertrauen. Ein Mechanismus der Reduktion sozialer Komplexität* (4. Aufl.). Stuttgart: UTB.

6. Osterloh, M. (2006). *Antoinette Weibel: Investition Vertrauen. Prozesse der Vertrau-ensentwicklung in Organisationen.* Wiesbaden: Gabler.
7. Chouinard, Y. (2009). *Lass die Mitarbeiter surfen gehen: Die Erfolgsgeschichte eines eigenwilligen Unternehmers.* München: Redline Verlag.
8. Felber, C. (2014). *Gemeinwohl-Ökonomie.* Wien: Deuticke im Paul Zsolnay Verlag.
9. Sheth, J. N., Sisodia, R. S., & Wolf, D. B. (2014). Firms of Endearment: How World-Class Companies Profit from Passion and Purpose (Englisch) Gebundene Ausgabe – 9. Februar 2014. Pearson Education (US).
10. Firms of Endearment – Zahlen. http://firmsofendearment.com. Zugegriffen: 31. Aug. 2016.
11. Laloux, F. (2015). *Reinventing Organizations. Ein Leitfaden zur Gestaltung sinnstiftender Formen der Zusammenarbeit.* Berlin: Vahlen.
12. Kühl, S., & Muster, J. (2016). *Organisationen gestalten.* Wiesbaden: Springer VS.

Mehr Führung für Wertschöpfung statt nur Management

2

Zusammenfassung

Die Art und Weise wie wir heute in Organisationen zusammenarbeiten wird in dieser Form in unserer dynamischen Welt keinen Bestand mehr haben können. Die Management-Konzepte, die wir aktuell nutzen, haben ihren Ursprung im Taylorismus. Dieser funktioniert sehr gut in trägen und planbaren Märkten. Die Nutzung dieser Konzepte in unserer heutigen komplexen und dynamischen Welt bringen viele Probleme hervor. Diese Probleme werden wiederum versucht mit der Management-Logik aus dem letzten Jahrtausend zu lösen. Das verursacht weitere Probleme. Die alten Management-Konzepte waren in der Vergangenheit stark. Heute haben sie ihre Grenzen und müssen teils ersetzt und ergänzt werden.

Wir zeigen Ihnen Perspektiven auf, die mehr Führung für Wertschöpfung möglich machen. Breitere Beteiligung und Gestaltungsspielraum Ihrer Mitarbeiter sind der Schlüssel. Diese braucht es, damit Ihre Organisation einen Unterschied im Markt durch Innovationen macht. Führung für Wertschöpfung denkt marktorientiert und in Geschäftsmodellen. Widersprüchlichkeit und Zielkonflikte werden bleiben. Es geht um einen besseren Umgang damit.

Diese Erkenntnis ist aber zunächst nur Wissen. Wissen ist nicht gleich Handlungskompetenz und bedeutet für den Alltag nichts. Am Ende des Kapitels können Sie starten, eigene konkrete Erfahrungen in Ihrer Organisation zu machen. Daraus ergeben sich dann Chancen auf mehr Handlungskompetenz in Ihrem operativen Alltag.

© Springer Fachmedien Wiesbaden GmbH 2017
C. Schlachte und S. Lobodda, *Führung und Wertschöpfung*,
DOI 10.1007/978-3-658-15654-1_2

2.1   Vom letzten Jahrtausend in unsere Zeit

Was sagt die Grafik aus?

Auf der x-Achse in Abb. 2.1 befindet sich die Zeitachse. Auf der y-Achse wird im unteren Bereich ein hoher formaler Teil der Wertschöpfung dargestellt. Damit sind eher einfach zu machende Tätigkeiten gemeint. Das könnten auch ursprünglich komplizierte Vorgänge sein, die durch eine Analyse in einfache Teilaufgaben zerlegt wurden und nun auch von Menschen mit geringer Qualifikation zuverlässig ausgeführt werden. Niels Pfläging nennt sie die blauen Anteile (Routine und kompliziert).

Beispiel Autobau mithilfe des Fließbandes: Damit wurde die Herstellung eines Autos mit ungelernten Arbeitskräften einfach. Die Fragestellung bei komplizierten Problemen lautet: Wie funktioniert es? Solche Fragestellungen werden immer wieder automatisiert und durch systematische Prozesse und Strukturen abgebildet. Ziel ist ein sicher reproduzierbarer Arbeitsprozess, der auch mit anderen Mitarbeitern immer die gleichen Ergebnisse bringt.

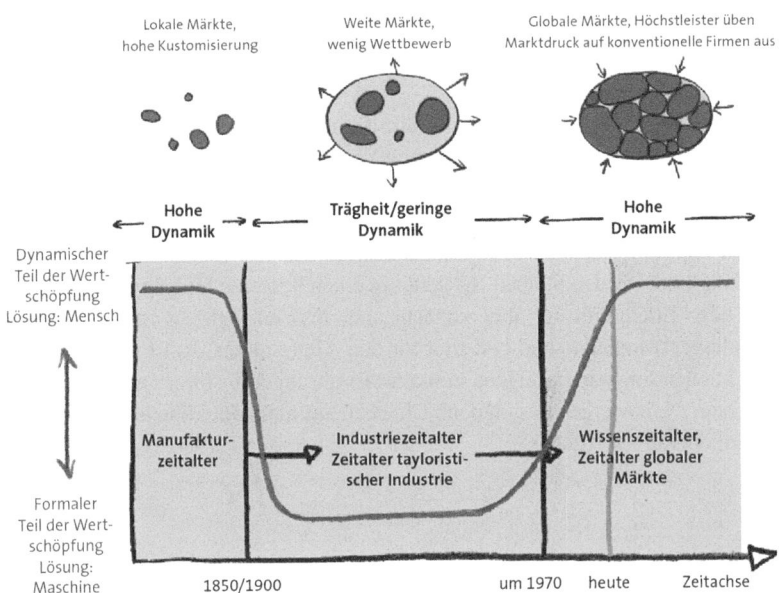

Abb. 2.1 Dynamik und Wertschöpfung steigen. (Quelle: Pfläging, Niels [1])

Im oberen Bereich befindet sich ein hoher dynamischer Anteil der Wertschöpfung. Dabei geht es um Komplexität. Die Zusammenhänge und Wechselwirkungen der Entwicklung, Produktion, Vermarktung von Angeboten und des Marktes sind nicht überschaubar und damit auch nicht linear kausal planbar. Es gibt Wechselwirkungen, Nebenwirkungen und Rückkopplungen, die immer wieder zu Überraschungen führen. Handlungen können in der Regel nicht rückgängig gemacht werden, um wieder den alten Status zu erhalten. Niels Pfläging nennt sie die roten Anteile (komplex und lebendig).

Beispiel Flughafen Berlin: Nachdem es Schwierigkeiten mit der Fertigstellung gab, setzten neue Planungen an. Diese neuen Planungen können bisher den vielen Systemelementen, d. h. verschiedenen Zulieferern, Planern, Auftraggebern, Politik, eingesetzter Technik und deren Wechselwirkungen nicht gerecht werden. Es gab immer wieder neue Überraschungen. Die Fragestellung bei Komplexität lautet: Wer kann das lösen? Es geht um Menschen, die mit Komplexität umgehen können. Das setzt Handlungskompetenzen und Erfahrungswissen voraus. Könnerschaft und Meisterschaft sind weitere Begriffe dazu.

Manufakturzeitalter

Vor der Erfindung der Dampfmaschine dominierten lokale und überschaubare Märkte. Die Erzeugnisse kamen aus einem Betrieb. Der Mensch war wichtigster Faktor der Wertschöpfung. Meisterbetriebe sind Beispiele solcher Organisationen. Lehrlinge lernten von Meistern ein Handwerk. Die Kundenkontakte waren persönlicher Natur. Man kannte sich und musste auf den lokalen Wettbewerb achten.

Industriezeitalter

Das Industriezeitalter ist mit der Erfindung der Dampfmaschine und dem Taylorismus eng verbunden. Das Industriezeitalter brachte Wachstum und Reichtum. Der Taylorismus setzte vereinfacht auf das Konzept, dass das Management (oben in der Hierarchie) intelligent ist und einen Wissensvorsprung vor den damals meist ungebildeten, bzw. unqualifizierten Arbeitern (unten in der Hierarchie) hat. Im Industriezeitalter lösten die Maschinen, die damit verbundenen Management-Konzepte („command-and-control") die Probleme auf der formalen Seite. Die Konzepte funktionieren in Bezug auf fehlerfreie Wiederholbarkeit der Prozesse. Steuern, Messen, Kontrollieren und wieder Steuern sind der Kreislauf des Managements. Effizienz und Standarisierung oberstes Motto. Das Management in solchen Organisationen wusste, warum was und wie getan wird. Sie konnten Fragen im Detail beantworten. Sie hatten einen Wissensvorsprung.

Parallel dazu ist eine Austauschbarkeit der Mitarbeiter gegeben. Die Organisation funktioniert auch dann, wenn Mitarbeiter oder Manager gehen und neue Mitarbeiter diese Plätze einnehmen.

Das grenzenlose Wachstum ist heute nicht mehr gegeben. Heute leben wir in einer sehr dynamischen und globalen Welt. Neue Geschäftspläne sowie Vorteile im Markt gelten nur sehr kurze Zeit. Sie sind schnell kopiert und überholt. Wissen, Erfahrungen und Handlungskompetenzen sind in Organisationen gefragt, um gut mit dieser Dynamik umzugehen.

Das nennt man heute Wissenszeitalter, bzw. Komplexitätszeitalter. Unternehmen, die erkannt haben, dass ihre Mitarbeiter Wissensarbeiter sind und ihnen mehr Freiraum und Verantwortung übertragen, üben Druck auf die konventionellen Unternehmen nach „alter" Management-Schule aus. Auch Dr. Wohland und Niels Pfläging nennen diese Unternehmen Höchstleister. Sie gelten im Markt als besser, weil sie einen besseren Nutzen für ihre Kunden schaffen. Sie denken und handeln markt- und kundenorientiert. Sie haben Innovationen im Sinn. Sie agieren mehr im Markt als zu reagieren. Sie sind schneller durch eine agile Zusammenarbeit.

Sie wissen auch, dass Widersprüchlichkeit und Zielkonflikte zu ihren Organisationen gehören. Andere Organisationen versuchen noch immer mit „Best Practice" die eindeutige Lösung für sich zu finden, die alle Probleme beseitigt.

▶ **Praxistipp** Zusammen im Management-Kreis den Film *Mein wunderbarer Arbeitsplatz* (Arte 2015) anschauen und diskutieren: Hier wird dargestellt, warum Zeiterfassung und Vorabeiter eingeführt wurden. Die Bauern, die nun in der Produktion arbeiten sollten, nahmen es mit der Pünktlichkeit nicht so genau. Dazu fanden sie die Idee, in der Pause Whiskey zu trinken und dann ein Nickerchen zu machen, recht gut. Die Vorarbeiter sollten dafür sorgen, dass die Mitarbeiter in ihrer Arbeitszeit möglichst effizient eingesetzt werden und sich an die Vorgaben des Managements halten.

Der Film zeigt unter anderem Unternehmen, die andere Wege der Zusammenarbeit gesucht haben und damit erfolgreich im Markt unterwegs sind (u. a. FAVI, Gore). Es ist sehr sehenswert, um daraus Ideen für die eigene Praxis zu gewinnen und über Experimente (Ausprobieren im eigenen Unternehmen) und Feldtests eigene Erfahrungen zu machen. Dazu braucht es aus unserer Erfahrung die aktive Beteiligung der Geschäftsführung. Neugierde ist dabei unerlässlich.

2.2　Management-Probleme durch Weiterführung des Denkens aus dem „Industriezeitalters" in das Wissenszeitalter

Die meisten konventionellen Organisationen sind extrem auf Effizienz, d. h. auf fehlerlose Wiederholung der immer gleichen Geschäftsabläufe in hoher Geschwindigkeit und Qualität getrimmt. Es gilt, Ziele zu erreichen und Budgets einzuhalten, die vorab in der Zentrale erarbeitet wurden. Dadurch existieren viele Probleme in der heutigen Zeit:

- Performance-Probleme (Zahlen stimmen nicht)
- Motivation der Mitarbeiter (siehe Gallup-Umfragen)
- Wettbewerb wird immer härter (Kundenloyalität sinkt)
- Mangel an guten Mitarbeitern
- Viele unergiebige Meetings
- Entscheidungsstau
- Wachsender Druck und Arbeitsbelastung
- Mangelnde Innovationen und Verbesserungen der Produktivität
- Starke Vergleichbarkeit des Angebots daher Preisdruck
- Hohe Fluktuation, Krankenstände, Burn-out (Entfremdungserfahrungen)

Die Ursachen liegen unserer Auffassung nach in den alten Management-Konzepten. Es wird versucht, komplexe und dynamische Probleme mit Lösungen aus dem komplizierten Bereich, d. h. mit Routine zu lösen. Wie jemand, der eine defekte Maschine untersucht und dann repariert. Im Bereich der Maschine geht das.

Effizienz, Kompliziertheit versus Komplexität
Ist Routine, Effizienz und Standarisierung von Prozessen und Strukturen schlecht? Keinesfalls. Es ist notwendig, in Organisationen auf Standards und wiederholbare Abläufe zu setzen, wenn es um Themen geht, die dazu passen. Das sind die komplizierten Themen. Der Taylorismus schaffte Lösungen für komplizierte Sachverhalte, beispielsweise wie ein Auto per Fließband von ungelernten Arbeitern zusammengebaut wird. Das lässt sich planen, steuern und kontrollieren. Es wurden dazu verlässliche Routinen entwickelt.

Wenn es um komplexe Themen geht, dann scheitern Lösungsansätze aus dem Fundus des Industriezeitalters und des zugehörigen steuernden, anweisenden und kontrollierendem Management-Denkens. Es gibt keine eindeutigen Lösungen mehr. Die Suche nach der perfekten Lösung ist ein Irrweg. Es geht darum, gut

Abb. 2.2 Die Domänen des Blauen und des Roten (I). (Quelle: Niels Pfläging und Silke Hermann [2])

passende Lösungen zu finden und diese möglicherweise schnell anzupassen oder gar völlig zu korrigieren, wenn neue Informationen da sind.

Was ist der Unterschied von Kompliziertheit und Komplexität (siehe auch Abb. 2.2):

- Kompliziert (blau genannt; in der Abb. 2.2 und 2.3 der helle bzw. linke Bereich): Routine bzw. maximal komplizierte Umgebungen. Beispiel Uhrmacher: Hier gibt es konkrete und fixe Abläufe. Werden diese Schritt für Schritt eingehalten, kommt eine Uhr am Ende heraus. Der Kontext bleibt gleich. Die

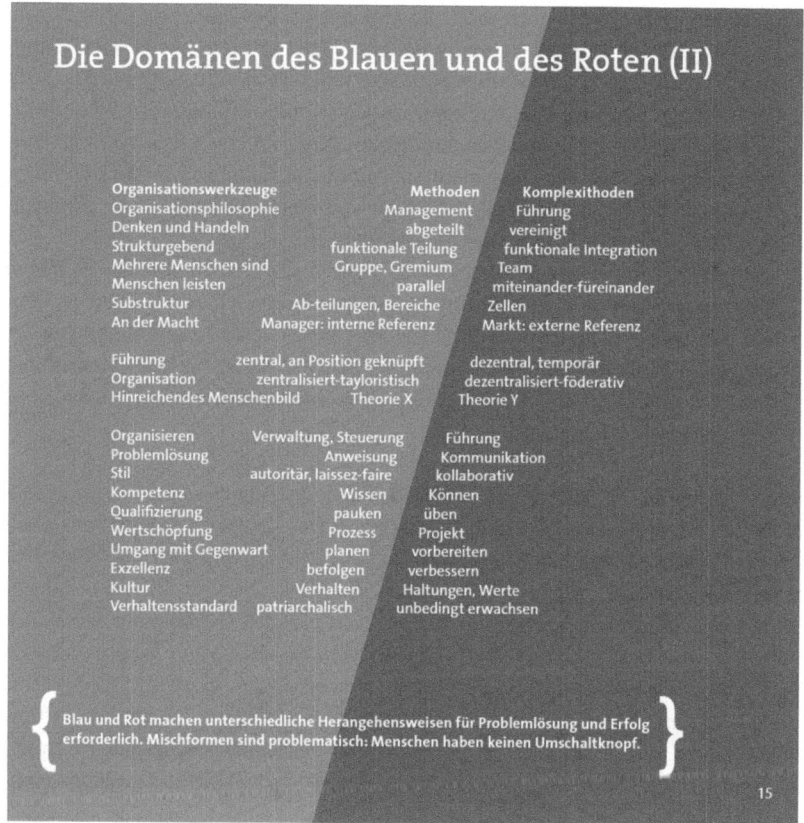

Abb. 2.3 Die Domänen des Blauen und des Roten (II). (Quelle: Niels Pfläging und Silke Hermann [2])

Schritte lassen sich als Programm festschreiben. Das können auch Maschinen übernehmen. Das lässt sich dann regelmäßig, zuverlässig und genau erledigen. Auftretende Probleme lassen sich mit genügend Zeit analysieren. Ursachen lassen sich genau feststellen und es können konkrete Maßnahmen und Pläne ergriffen werden, um die Probleme nicht wieder auftreten zu lassen.

- Komplex (rot genannt; in der Abb. 2.2 und 2.3 der dunkle bzw. rechte Bereich): Dynamische und lebendige Umgebungen. Hier gilt das Motto „sowohl als auch". Kontexte werden gewechselt, d. h. Widersprüchlichkeit muss gehandhabt werden. Es kann nicht linear gesteuert werden. Geschieht dies, dann führt es zu noch größeren Problemen. Beispiel: Flughafen Berlin. Die Erstplanung und Umsetzung scheiterte. Dann erfolgte wieder eine gründliche Planung mit neuem Fertigstellungstermin und es scheiterte wieder. Wieder wird neu geplant. Allerdings werden jetzt keine verbindlichen Endtermine mehr genannt. Die Systemelemente Technologie, unterschiedliche Zulieferer, Hersteller und Projektmanagement sind in einem laufenden Projekt komplex verwoben. Es gibt Abhängigkeiten, Aus- und Nebenwirkungen von Maßnahmen, die immer wieder Überraschungen bringen.

Erfolg lässt sich nicht mehr über Jahre linear fortschreiben, wie das in trägen Märkten möglich war. Die Bedingungen, um erfolgreich zu sein und zu bleiben, verändern sich immer schneller. Für diese „roten" Fragestellungen im dynamischen und komplexen Umfeld werden wir in der nächsten Zeit immer noch kompetente Menschen benötigen, die Ideen entwickeln und die neue Wege möglich machen.

Niels Pfläging hat in seinem Buch die Domänen des Blauen und Roten sehr klar und anschaulich verdeutlicht (Abb. 2.2 und 2.3). Das könnten wir nicht besser auf den Punkt bringen und daher freuen wir uns über die Zustimmung, sie Ihnen hier zu präsentieren.

Interne und externe Berater, die an einer vertiefenden Betrachtung der blauen und roten Domänen sowie klugen Interventionsideen interessiert sind, werden im Buch „Denkwerkzeuge für Höchstleister" von Herrn Dr. Gerhard Wohland [3] fündig werden.

Die Kunst für Organisationen besteht darin, eine hohe Sensibilität zu entwickeln, um komplizierte und komplexe Situationen oder Probleme zu unterscheiden.

Das ist in normalen Organisationen, die noch nach den Prinzipien des Industriezeitalters gemanagt werden, leichter gesagt als getan. Eigentlich glauben wir, dass das gar nicht gelingen kann.

Diese Organisationen sind auf Effizienz getrimmt, d. h. Abweichungen vom normalen Standard der Arbeitsroutine sind nicht vorgesehen. Passieren diese, wird automatisch das Verfahren optimiert und die Einhaltung strenger kontrolliert. Ist das ein Thema aus der komplizierten Welt, dann ist es das richtige Vorgehen und es lässt sich mit einem verbesserten Verfahren lösen.

In den meisten Organisationen herrscht auf vielen Ebenen auch operative Überlastung. In der Vergangenheit entstanden durch Kostenoptimierungen und Effizienzsteigerungen schlanke Strukturen. Das Management konzentrierte sich darauf, dass die Abläufe fehlerfrei und effizient sind. Ergeben sich dann Probleme, wird nach altem Muster (Steuern & Kontrolle) eine schnelle Lösung gesucht. Das Management muss die Lösung liefern. Die meisten Mitarbeiter haben in solchen Organisationen verlernt, mit zu denken und zu handeln, um für gut angelegte und abgestimmte Lösungen zu sorgen. Sie lernten eher, sich einzurichten und die Ziele irgendwie hinzubekommen.

Es fehlt dann häufig auch an Zeit, um einen Schritt zurückzugehen, um genau zu prüfen, was überhaupt in und um die Organisation herum passiert. Es fehlen vielleicht auch Denk- und Verhaltensweisen (siehe später im Kapitel laterales Führen; Advice Prozess; dialogisches Führen), die ein kritisches und doch konstruktives Hinterfragen von Geschäfts- und Führungsmodellen zulassen. (Siehe später das „Business Model Canvas", um die Komplexität zu erhöhen sowie die Schnittstellen-Analyse.).

Praxis-Beispiel aus der Qualitätssicherung

Eine sich im Wachstum befindende Organisation hat großes Interesse, eine hohe Qualität bei den hergestellten Produkten sicher zu stellen. Anfangs sind es wenige Produkte und die Vorschriften zur Kontrolle der Qualität werden genauestens erfasst und die Mitarbeiter bekommen detaillierte Anweisungen, wie sie vorzugehen haben. Das Management kontrolliert die Ergebnisse und steuert nach. Das Wachstum brachte nun viele Produkte hervor, die im gewissen Sinne ähnlich sind aber die Qualität häufig anders zu kontrollieren ist. Nun werden immer mehr unterschiedliche Produkte produziert. Die Aufgabenlast steigt. Die Mitarbeiter und das Management sind immer mehr überlastet, da die Mitarbeiter gelernt haben sich auf Detailbeschreibungen und entsprechende Vorgehen zu verlassen. Das sind die alten Lösungsmuster, die bei wenigen Produkten gut funktioniert haben. In der Folge sorgt das Muster für immer detaillierter und umfassendere Vorgaben. Die Mitarbeiter verstehen immer weniger, wann und warum das eine Produkt so und das andere so überprüft werden soll. Gleichzeitig entwickelte sich eine Kultur der Absicherung und der Sorge nichts falsch zu machen. Diese Kultur findet sich beim Management und bei den Mitarbeitern. Klagen über viele Überstunden, mangelnde Kommunikation, Krankenstand, Probleme in der Qualität und Quantität der Qualitätskontrolle waren begleitende Symptome. Ein Teufelskreis.

Die Qualitätskontrolle ist ein komplexes Thema und es braucht daher mehr Handlungskompetenz auf allen Ebenen, um die Aufgaben gut zu bewältigen. Alte Lösungsmuster müssen losgelassen werden. Vorgaben im Detail sind nicht praktikabel. Das Management braucht Zeit, um die Mitarbeiter individuell zu unterstützen, eigene Handlungskompetenzen im Umgang mit der Qualitätskontrolle zu entwickeln. Das Management muss mehr führen lernen. Die Mitarbeiter müssen lernen, mehr Handlungskompetenz zu entwickeln und Verantwortung zu übernehmen.

Die meisten Menschen erleben die Organisationen, die nach dem Taylorismus in einer dynamischen Umwelt arbeiten, als riesengroßes Hamsterrad. Es darf nicht stehen bleiben. Es muss in hohem Tempo weiter in die gleiche Richtung gelaufen werden. Innehalten, nachdenken, neue Wege denken und gehen, Experimente machen – all das ist in dem Modell nicht vorgesehen. Es fehlt an Zeit für Dialog über Wertschöpfung. Es fehlen auch Resonanzerfahrungen für Management und Mitarbeiter. Wo ist das persönliche Gefühl, wirksam in der Organisation zu sein? Wo bleibt Raum für echte Anerkennung?

Darüber hinaus werden die alten Management-Konzepte aus dem Industriezeitalter, obwohl sich die Annahmen grundlegend geändert haben, einfach angewendet: Die Zentrale hat einen konkreten Wissensvorsprung und bestimmt mit klaren Zielvorgaben, Prozessen und Strukturen, wo es langgeht. Doch gibt es diesen Wissensvorsprung?

Die Annahmen sind: Die Märkte sind nur kompliziert und daher plan- und steuerbar. Der Fokus liegt auf der Innensicht, d. h. das Management beschäftigt sich mit der eigenen Organisation und versucht Abläufe und Prozesse zu optimieren, bzw. Kosten zu reduzieren. Kunden, Marktentwicklungen und Chancen sind weniger im Fokus. Diese Organisationen drehen sich um sich selbst. Das ist in der heutigen Zeit zu langsam und zu unflexibel, wenn der Markt nicht völlig von ihnen dominiert wird.

Dazu kommt oft eine unklare, bzw. real nicht gelebte Unternehmensmission. Im schlimmsten Fall geht es ausschließlich darum, mit einer auf Effizienz getrimmten Organisation Profit zu machen. Das funktionierte im Industriezeitalter. Heute wird das immer weniger funktionieren. Vor allem dann, wenn es im eigenen Markt Organisationen gibt, die sich erlauben, eine klare Unternehmensmission mit einer Organisation zu verfolgen, die Wertschöpfung im Sinn hat. Diese agieren flexibler und schneller im Markt und gewinnen so ihre Kunden mit ihrer Mission und ihren Innovationen. Dann entsteht Marktdruck.

Wissensvorsprung im Management?
Die meisten Menschen sind heute gut ausgebildet. In fachlichen Fragen sind die meisten Mitarbeiter sicher besser aufgestellt als die hierarchisch höher stehenden Manager.

Jeder kennt die Situationen, in denen Mitarbeiter und Teams sich Gedanken machen, wie sie für ihr Projekt oder eine spezielle Vorgehensweise ein „ok" einholen. Dazu müssen sie in normalen Organisationen ihre Manager überzeugen, die wiederum die nächste Ebene überzeugen müssen usw. Dazu sind viele Meetings nötig. Allerdings verstehen die in Hierarchie höher stehenden Manager von der Sache meist wenig. Briefings und das Überzeugen kosten viel operative Zeit.

Was dann ganz oben an sachlicher Information ankommt, kann durch die Hierarchieebenen eine ganz andere Sache sein, als ursprünglich ganz unten gemeint ist.
Sie kennen sicher noch das Spiel „stille Post", oder?

Dazu kommt, dass in vielen Organisationen die Sache nicht so sehr im Vordergrund steht, sondern die strategischen Überlegungen: Wie wird meine Geschäftsführung die Sache sehen? Komme ich bei der Sache gut weg? Hilft mir das bei
meiner Karriere? Gehe ich ein Risiko ein? Wie kann ich das Risiko begrenzen,
einen Fehler zu machen? Abb. 2.4 zeigt die dargestellte langsame „Befehlskette"
auf.

Diese Fragen sind sehr sinnvoll in der Logik, dass Macht, Steuerung und Kontrolle über Hierarchie von oben nach unten vergeben ist, Effizienz ein sehr wichtiges Kriterium ist, und Profit das oberste Ziel. Planen, Steuern und Kontrollieren
funktionieren durch Anweisung von oben, d. h. aus der Zentrale, ohne Probleme.
Da ist in dem Bild die Macht. Sind die Märkte träge und das Management in der
Zentrale weiß wirklich mehr, dann gibt es einen Wissensvorsprung und das System funktioniert.

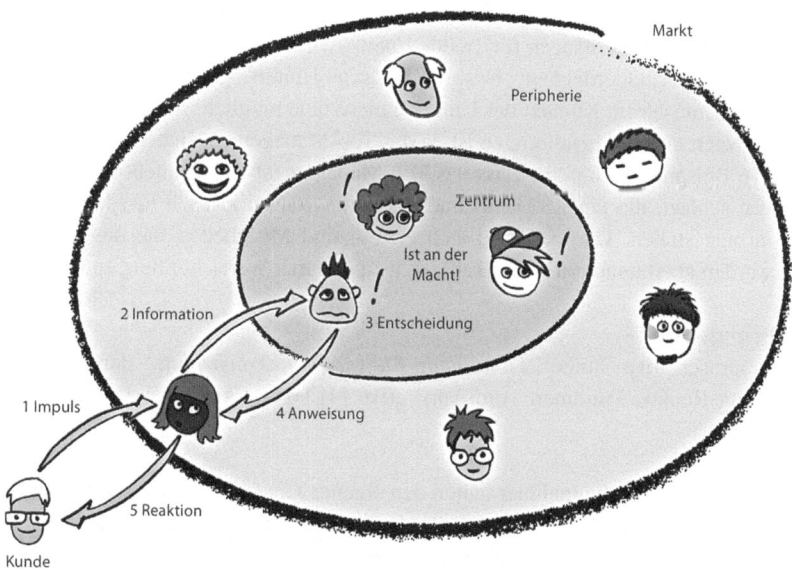

Abb. 2.4 Verantwortung und Kompetenz dahin, wo Fragen gestellt werden. (Quelle: Pfläging, Niels [1])

Praxis: Wie aus wilden Enten systematisch lahme Enten werden

Das Beispiel zeigt auf, wie Macht aufgrund von Hierarchie ausgeübt wird und wie sie sich auf Organisationen auswirkt.

Ein Manager aus einem Konzern erklärte uns diesen „Irrsinn". Sie werben die klügsten jungen Köpfe im Markt, u. a. nach dem Kriterium des Querdenkers. Das sind dann die „wilden Enten", die gebraucht werden.

Wenn sie dann mit hoher Motivation und Engagement da sind, werden ihnen systematisch die Flügel gestutzt. Sicherlich auf einer unbewussten Ebene. Sie müssen sich beim Kaffee holen hintenanstellen. Wenn sie etwas einbringen wollen, dann wird ihnen gesagt, dass sie erst fünf Jahre hier sein müssen, um etwas zu verstehen. Lahm macht, nichts tun zu können. Lahm macht, sich nicht für das einsetzen können, was einem sinnvoll erscheint. Lahm macht gefühlte Machtlosigkeit.

So entsteht aus viel Potenzial viel Frustration, da die Erwartungen der „wilden Enten" viel bewegen zu dürfen, enttäuscht werden. Erleben die „wilden Enten" das häufiger, dann werden sie „lahme Enten" bzw. Konformisten oder frustrierte Menschen, die dann das Unternehmen verlassen.

In der Folge beschwert sich das Top-Management dann immer wieder über das mangelnde unternehmerische Mitdenken und Handeln, was so dringend gebraucht wird. Chancen für „wilde Enten" wird es nur geben, wenn auf allen Ebenen das „Querdenken", bzw. das kritische Hinterfragen der Denk- und Verhaltensmuster im Kontext der Unternehmensziele möglich ist.

Nach unseren Erfahrungen ist da das Top-Management sicher gefragt, positive Beispiele zu liefern. Dass das Top-Management Engagement und Initiativen schätzt, die eigene Denk- und Verhaltensweisen kritisch und konstruktiv infrage stellen. Darüber wird sich erzählt und Mitarbeiter, die das machen, werden anerkannt und wertgeschätzt, weil dadurch Wertschöpfung entsteht.

Führungs-Studie

Die repräsentative Studie „*Emotionale Führung am Arbeitsplatz*" der Personalberatung Rochus Mummert vom April 2016 [4] kommt zu folgenden Ergebnissen:

- Nur 37 % der Arbeitnehmer halten den eigenen Chef für fachlich qualifiziert.
- Nur jeweils ein Drittel der Arbeitnehmer sagt, ihr Vorgesetzter erkenne ihre Leistung an bzw. sei stets ansprechbar bei Problemen.
- Und vier von fünf Befragten fühlen sich von ihren Chefs in ihrem beruflichen Fortkommen nicht gefördert.

Es lässt sich sicher grundsätzlich fragen, welche Mehrwerte die entsprechenden Manager heute haben, wenn betriebswirtschaftlich gedacht wird. Spannen-
derweise wird die Frage nach Mehrwerten aufseiten der Mitarbeiter sehr häufig
gestellt. Wie viel Zeit benötigt eine Aufgabe? Wie lässt sich mehr mit weniger
erledigen? Welche Wertschöpfung entsteht? Was passiert aufseiten des Managements? Welche konkreten Beiträge zur Wertschöpfung werden von Managern
und vom Top-Management gemacht? Wie wird gemessen? Gary Hamel [5], ein
Management-Vordenker, ist diesen Fragen nachgegangen und kommt zu der
Erkenntnis, dass die gängigen Management-Praktiken („command-and-control")
aus der Steinzeit (Industriezeitalter) kommen.

Manager und Organisationen müssen sich anpassen. Wer sich nicht ändert,
wird wie die Dinosaurier untergehen. Heute brauchen wir ergänzende Fähigkeiten
im Management: Management- plus Führungs-Kompetenzen mit Wertschöpfung
im Fokus. Das erlaubt es der Organisation ihre Mission mit einem engagierten
und flexiblen Team zu verfolgen. Märkte und Kundenbedürfnisse verändern sich
in unserer Zeit sehr schnell.

Neben der Fähigkeit, das Tagesgeschäft effizient und mit entsprechender Qualität zu meistern, braucht es die Kompetenz in der Organisation, innovativ zu
sein. Führung hat die zentrale Aufgabe, Wertschöpfung für alle Beteiligten auf
den Weg zu bringen. Das bedeutet für eine wertschöpfende Führung, eine breitere Beteiligung aller Mitarbeiter und mehr Gestaltungsspielraum plus Verantwor-
tungsübernahme möglich zu machen.

▶   **Praxistipp** Diskutieren Sie in der Geschäftsführung mit freiwilligen
Mitarbeitern in einer moderierten Runde, den Unterschied zwischen
den Domänen des Blauen und des Roten. Voraussetzung dazu sollte
sein, dass Sie eine lebendige Unternehmensmission und -vision wertschöpfend zusammen mit Ihren Mitarbeitern auf den Weg bringen
wollen.

Wie unterscheiden Sie in Ihrer Organisation den roten und blauen
Bereich? Mit welchen Auswirkungen auf Ihre Geschäftsergebnisse?
Wie gehen Sie mit Problemen und Herausforderungen in der Organisation um? Passen die Lösungsansätze zu den Domänen? Oder versuchen Sie, Domänen des roten mit Ansätzen aus dem blauen Bereich
beizukommen?

Wo brauchen Sie mehr „rote" Handlungskompetenzen? Welche
konkreten Projekte mit Geschäftsführungsbeteiligung können Sie
aufsetzen, um diese neuen Handlungskompetenzen zu entwickeln?

Handlungskompetenzen entstehen durch aktives Tun plus Reflexion plus Anerkennung in der Organisation. Das Engagement, das Tun, die Erkenntnisse und Erfahrungen müssen in der Organisation anerkannt werden, indem sie wahrgenommen und darüber respektvoll sowie interessiert gesprochen werden. Auch wenn beim Tun Fehler entstehen, ist das kein Problem, sondern eine wichtige Erkenntnis. Handlungskompetenzen zu haben, bedeuten auch Fehler gemacht zu haben. Alle großen Entwicklungen und Innovationen kommen ohne dem nicht aus. Fehler sind kein Problem, sondern die Voraussetzung für Innovation und Fortschritt.

Zusammenfassung

Wertschöpfung in Organisationen hat immer beide Anteile. Es gibt den „blauen" Anteil, der für Routinetätigkeiten steht. Es gibt den „roten" Anteil, der für den dynamischen und überraschenden Teil steht.

In der Vergangenheit und in trägen Märkten gelang ein hoher Wertschöpfungsanteil über den „Taylorismus", d. h. durch standardisierte Massenfertigung (blauer Anteil). Dazu brauchte es in der Organisation Handlungskompetenzen, die es erlaubten, effizient und reibungslos zusammenzuarbeiten, wie ein Uhrwerk in der Metapher. Der Fokus ist mehr nach innen gerichtet.

Je höher die Marktdynamik ist, d. h. schnelle Veränderungen im Markt, desto mehr brauchen Organisationen Menschen mit Handlungskompetenzen (roter Anteil). Die benötigten Handlungskompetenzen, um mit dynamischen Märkten umzugehen, sind eher dialogisch und experimentell. In der Metapher ein lebendiger und anpassungsfähiger Organismus. Der Fokus ist auf den Markt ausgerichtet.

Führung für Wertschöpfung hat den Markt im Blick und kann den „blauen" und „roten" Bereich auseinanderhalten. Probleme und Herausforderungen werden mit den passenden Lösungen angegangen.

2.3   Wissenszeitalter

Das Industriezeitalter war beschaffen durch relativ stabile und planbare Umweltbedingungen. Daher funktionierte auch das „command-and-control"-Modell so gut.

Das Wissenszeitalter oder Komplexitätszeitalter ist von Volatilität, Unsicherheit, Komplexität und Ambiguität (VUKA) geprägt. Das macht sich unter anderem darin bemerkbar, dass Geschäftsmodelle und -vorteile nur noch von ganz kurzer Dauer sind. Es gibt immer irgendjemanden im Markt, der schnell kopieren, billiger liefern kann oder auf den Markt die verbesserte Idee beziehungsweise ein ganz neues Geschäftsmodell bringt.

Dies hat schon heute tief greifende Auswirkungen auf unser Führungs-, Management- und Organisationsverständnis sowie unser Verhalten. Die Lösungen aus dem Industriezeitalter funktionieren nicht mehr. Mehr vom Selben zu tun, verursacht mehr Probleme. Es braucht völlig andere und ergänzende Ansätze.

Das Zentrum des Unternehmens versteht sich in Abb. 2.5 nicht mehr als Allwissend und zentral steuernd nach dem „command-and-control"-Modell. Es versteht sich mehr als Unterstützer und Dienstleister für die Peripherie. Das ist der Teil, der dicht mit den Kunden, Geschäftspartnern und der Gesellschaft – sprich dem Markt – zu tun hat.

Die dm-drogerie märkte arbeiten schon seit langer Zeit in der Weise, dass sich die Zentrale als „Sparringspartner" versteht. Sie versteht sich nicht mehr als Zentrale mit einem Wissensvorsprung, die besser weiß, wie das Geschäft im Markt funktioniert.

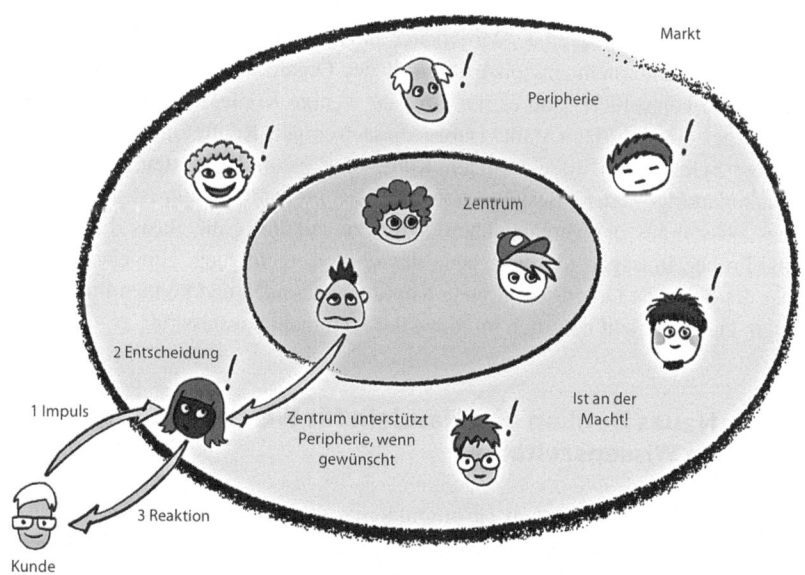

Abb. 2.5 Verantwortung und Kompetenz dahin, wo Fragen gestellt werden! (Quelle: Pfläging, Niels [1])

Die Filialen, also die Peripherie, hat sehr viel Gestaltungsspielraum, wie sie ihr Angebot gestaltet und den Kunden für sich gewinnt. Dort ist deutlich mehr operative Kompetenz zu finden als in der Zentrale. Die Zentrale hat in diesen Fragestellungen keinen Wissensvorsprung und keine große Handlungskompetenz. Sie könnte demzufolge auch nicht sinnvoll steuern.

Die Filialen bedienen sich zentraler Prozesse, die für die Filialen nützlich sind. Der Preis für diese Lösung ist (so haben wir während einer Lernreise zur dm-drogerie gelernt) ein *Mehr* an Abstimmung und Dialogrunden. Sie machen das gerne, da sie dafür deutlich weniger Eskalationsrunden haben. Sie gewinnen dadurch vor allem auch bessere Ideen, da die Kompetenzen der Mitarbeiter mit eingebracht werden. Die Mitarbeiter merken und spüren, dass sie wichtig sind. Sie lesen das nicht nur im Leitbild.

Bei der dm-drogerie wird das Konzept, den Mitarbeitern viel Gestaltungsspielraum und Verantwortung zu geben, großgeschrieben. Parallel fungiert die Zentrale als „Sparringpartner" und Dienstleister. Die Zentrale generiert auch Innovationsideen, die den Filialen angeboten (nicht hineingedrückt) werden.

Der Handelsmarkt im Drogerie Bereich war schon immer sehr eng. Überleben werden die Organisationen, die schnell und flexibel mit ihrem Geschäftsmodell Kundennutzen generieren. Die den Blick auf den Kunden und den Wettbewerb richten und dabei die Ideen der Mitarbeiter aktiv und dialogisch miteinbeziehen.

Wenn die Unternehmensspitze der Teil der Organisation ist, der alles plant, steuert und kontrolliert, sind es nur ein paar wenige Köpfe, die das vollbringen. Die Frage, die sich dann stellt: Haben diese wenigen Köpfe einen Wissensvorsprung? Selbst wenn diese wenigen Köpfe sich externe Expertenberatung und „Benchmarking-" oder „Best Practice-" Wissen einkaufen, dann ist das trügerisches Wissen aus der Vergangenheit. Wird das zukünftig die Basis des Erfolgs sein? Früher, in trägen Märkten, hatte das seine Berechtigung. Hingegen sind in einer dialogischen Organisation viele Köpfe eingebunden und können Innovation stiften. Das geschieht natürlich im Sinne der Unternehmensmission.

2.4 Neues Denken und Handeln für Wertschöpfung im Wissenszeitalter

In unserer heutigen Wirtschaft ist Produktivität und Innovation ein Muss, um in den dynamischen Märkten zu bestehen. Wo in trägen Märkten Kundenumfragen, „Best Practice" und der Blick auf die eigene Effizienz reichten, um im Markt erfolgreich zu sein, so gilt dies heute nicht mehr.

Wenn es um Schnelligkeit und kluges Handeln im Sinne der Unternehmensmission geht, werden andere ergänzende Denk- und Verhaltensweisen gebraucht. Vor allem braucht es eine andere Haltung zu Mitarbeitern, Partnern, Kunden und Gesellschaft. Nicht Abgrenzung, sondern Wertschöpfung steht im Mittelpunkt. Wertschöpfung für alle Beteiligten! Es darf kein Geschäft sein, das auf Kosten von anderen arbeitet; denn das schadet am Ende den meisten Beteiligten. Unternehmen, die alle Stakeholder einbeziehen, sind damit auch wirtschaftlich erfolgreich (siehe dazu auch Abschn. 1.5). Sicher gilt das nicht zwangsläufig. Denn wenn die Unternehmensmission keine Resonanz und keinen Nutzen erzeugt, dann wird es auch keinen Markt geben.

Moderne Organisationen brauchen den Blick auf Wertschöpfung und Kundennutzen. Das bedeutet, dass es Zeit und Ressourcen dafür gibt, weil allen klar ist, dass das ein wesentlicher Teil des Geschäftsmodells ist. Verbesserungen und Innovationen zu generieren, ist eine Aufgabe für alle Mitarbeiter.

Auch wird Zeit benötigt, immer wieder über die Organisation der Arbeit nachzudenken. „Ist es sinnvoll, wie wir zusammenarbeiten?" „Machen wir die richtigen Tätigkeiten in der richtigen Weise?" „Was könnten wir weglassen?"

Praxis-Beispiel intern

Organisationen haben die richtigen Mitarbeiter, die sich mit der Mission und den Zielen identifizieren. Sie sind kompetent und entwickeln die Organisation und sich selbst weiter, damit Kunden und Gesellschaft vom Unternehmenszweck profitieren. Mitarbeiter brauchen entsprechenden Gestaltungsspielraum und eigene Verantwortung für ihre Aufgaben.

Bei unserer „Learning Journey" zu den dm-drogerie märkten betragten wir eine Regionalleiterin, die von einem anderen Discounter zur dm-drogerie wechselte: „Was mussten Sie für Ihre neue Aufgabe besonders lernen?" Sie machte eine lange Pause und sagte: „Zuzusehen, wie andere vermeintlich Fehler machen!"

Das beinhaltet unausgesprochen folgende Grundannahmen bzw. Haltungen:

a) Wir haben die richtigen Leute
b) „Fehler" können passieren. Wir lernen alle aus unseren Handlungen
c) Auch ich als Regionalleiter kann mit meiner Ersteinschätzung daneben liegen
d) Wir trennen Absicht und Wirkung bei der Analyse von Handlungen
e) Feedback und Dialog sind wichtige Elemente in der Zusammenarbeit

Praxis-Beispiel extern

Patagonia schadet wie jedes Unternehmen, das etwas produziert, der Umwelt. Sie haben die Mission, diese Umweltschädigung zu minimieren. Dazu spenden sie 1 % ihres Umsatzes jedes Jahr für Umweltinitiativen.

Auch bei der Auswahl ihrer Zulieferer ist das ein wichtiges Kriterium. Nicht der billigste Anbieter bekommt den Zuschlag, sondern der Anbieter, der das bietet, was Patagonia auch verfolgt: Hochwertige Produkte herzustellen und die Umwelt möglichst wenig zu belasten.

Manche Organisationen suchen den billigsten Anbieter und wissen, dass diese Preise nur mit einem Geschäftsmodell „auf Kosten von…" möglich sind.

Sie schützen sich dann, indem sie darauf verweisen, dass sie gewisse Standards und schriftliche Zusicherungen haben, jedoch keinen Einfluss auf deren Auslegung und Produktion.

Schon im Sinne einer Managementethik ist das zu wenig. Im Sinne einer Führung für Wertschöpfung ist das erst recht zu gering. Früher oder später kommt die Wahrheit ans Licht, was zu weniger Vertrauen bis hin zu Misstrauen führt.

Unternehmen mit Führung für Wertschöpfung finden Partnerschaften mit Organisationen, die ähnliche Ziele und Standards verfolgen wie die eigene Organisation.

Um das zu ermöglichen, lassen sich Qualitätszirkel zwischen Organisationen bilden, die die wesentlichen Kriterien und Standards bei der Zusammenarbeit im Auge behalten und Möglichkeiten der Optimierung ausloten.

Sicher gibt es in all den Kontexten auch Zielkonflikte. Investieren wir in Projekt A oder Projekt B. Beide klingen vielversprechend, doch nur eines kann angegangen werden. Diese gilt es aktiv in und außerhalb der Organisation im Dialog zu besprechen und Entscheidungen zu finden, die der Mission gerecht werden.

Klar ist auch, dass gerade das bewusste Wahrnehmen und Bearbeiten dieser Zielkonflikte eine Organisation wach und vital hält. Doch Abstimmungen kosten Zeit. Was kostet es, keine Abstimmungen zu machen?

2.5   Digitalisierung, Automatisierung und Industrie 4.0

Diese und andere Schlagwörter sind immer wieder in den Medien und Märkten zu finden. Sie bezeichnen letztlich alle einen Trend, den es schon immer gibt. Alles, was sich automatisieren lässt, wird automatisiert. Alles, was sich digitalisieren lässt, wird digitalisiert. All das entlastet die Organisation von Routinetätigkeiten. Führung für Wertschöpfung hat die Aufgabe, Chancen durch Technologien wahrzunehmen und einzusetzen, wenn es der Unternehmensmission und Vision dient. In diesem Sinne ist das keine Aufgabe für die Technik alleine, sondern viel mehr eine Führungsaufgabe.

Die technischen Möglichkeiten der Vernetzung sowie des Einsatzes von künstlicher Intelligenz lassen nun auch Arbeitsbereiche durch Systeme ersetzen, die vorher menschliche Intelligenz erforderten. Das ist ein enormer Fortschritt, der sicher auch viele Chancen bietet. Die Chancen liegen darin, mehr Zeit für Wesentliches zu haben. Mehr Zeit für Kunden, Innovationen und Wertschöpfung.

Wenn die neuen Systeme zu einem großen Teil aus Software bestehen, lassen sich diese quasi zu 0 Euro im Markt verteilen. Albert Wenger [6]: „Ökonomisch betrachtet, gilt nun das Prinzip der Null-Grenzkosten, das wir von anderen digitalen Anwendungen kennen. Eine Software zu entwickeln kostet Geld, oft viel Geld. Aber wenn sie erst einmal läuft, kann der Entwickler sie zu extrem geringen Kosten beliebig oft vertreiben. Software wird heute zu Null-Grenzkosten ausgeliefert."

Was bedeutet das für Organisationen? Es bedeutet, dass diese Software-Lösungen Teil der Wertschöpfung sind und in Teilbereichen menschliche Arbeitskraft ersetzen werden, in der auch Intelligenz erforderlich war. In der Diskussion und Anwendung sind z. B. Lösungen im Helpdesk-Bereich. Bisher gab es Menschen, die Anrufe und Anfragen von Kunden entgegengenommen und bearbeitet haben. Das lösen nun intelligente „Apps". Der Kunde merkt gar nicht, dass seine Anfrage von einer „App" beantwortet wird.

Früher wurde in einer ähnlichen Situation darüber diskutiert, ob es gut sei, wenn Roboter in der Fertigung die Aufgaben von Menschen übernehmen. Die meisten Fertigungsstraßen sind im Verhältnis zu früher menschenleer.

Automatisierung und Digitalisierung wird es weiterhin geben. Organisationen sollten immer prüfen, inwieweit Technologien helfen können, dass eigene Geschäftsmodell im Sinne der Unternehmensmission weiter zu bringen; bzw. auch, an welchen Stellen Innovationen möglich sind.

Gleichzeitig ist es für die Organisation und Gesellschaft eine wichtige Frage, welche Aufgaben die Mitarbeiter in Zukunft übernehmen werden können. Eine Möglichkeit besteht sicher darin, die eigenen Mitarbeiter ständig weiter zu qualifizieren, sodass sie mehr und besser mit Komplexität umgehen sowie sich mehr an Innovations-Prozessen beteiligen können.

2.6   Management oder Führung für Wertschöpfung?

Es kann so klingen, als ob Management-Fähigkeiten grundsätzlich was Schlechtes wäre. Das ist nicht so und es kommt auf den Kontext an. Im Bereich der Routine, der Domäne des „Blauen", sind und bleiben Management Fähigkeiten unerlässlich.

Es kann auch so klingen, dass „Hierarchie" grundsätzlich etwas Schlechtes sei. Dem ist nicht so.

Management-Fähigkeiten für eine gute Vorhersehbarkeit, Wiederholbarkeit sind:

- Planung und Budgetierung
- Organisation und Stellenbesetzung
- Controlling und Problemlösung

Führung für Wertschöpfung in dynamischen Umgebungen, der Domäne des „Roten":

- Eine Richtung (Unternehmensmission) entwickeln und vorleben (alle und nicht nur die „Chefs").
- Für gemeinsame Ziele sorgen.
- Motivieren und inspirieren (Rahmenbedingungen schaffen, die Rahmenbedingungen für Innovationen schaffen).
- Für Dialog und Feedback sorgen.
- In Geschäftsmodellen mit Win-win-Möglichkeiten für alle Stakeholder denken (Wertschöpfung).

Wir brauchen in unserer heutigen dynamischen Welt beides. Sowohl Management-Fähigkeiten als auch Führung für Wertschöpfung. In den meisten Organisationen sind die Management-Fähigkeiten sehr gut ausgebildet. Nun gilt es nicht den Fehler zu machen, all die guten Seiten des Managements für Routine-Tätigkeiten zu negieren.

Auch eine Problematik liegt in den Kompetenzen und Fähigkeiten der Mitarbeiter. Wir Menschen können nicht zeitgleich sowohl Routine-Tätigkeiten und dynamische Probleme bewältigen. Wie kann und soll das organisiert werden?

Es braucht mehr freiwillige Mitstreiter in der Sache, die sich aktiv im Kontext Ihrer Aufgaben, Verantwortlichkeiten und Unternehmensmission einbringen können, wollen und dürfen. Nicht jeder wird das immer können und wollen sowie immer das „Große und Ganze auf dem Schirm haben" können; sonst wären die

Organisationen auch nicht mehr handlungsfähig. Möglicherweise kann das auch in Teams parallel zu der Linienorganisation in Netzwerken geschehen. Oder wie bei den dm-drogerie märkten, wo es entsprechenden Raum neben den Routine Tätigkeiten gibt. Wie das bei Ihnen auf den Weg gebracht werden kann, lesen Sie im nächsten Abschnitt.

Es gilt, die Meisterschaft zu schaffen, beide Fähigkeiten in der Organisation passend zu den Situationen und Herausforderungen anzuwenden und weiter zu entwickeln. Nicht nur in der Zentrale, sondern da, wo Entscheidungen getroffen werden können und müssen (siehe dazu später auch die Texte zur Schnittstellen-Analyse und Organisationsform).

2.7 Wertschöpfung im Blick – Tool für mehr Wertschöpfung

Im letzten Jahrtausend wurden Geschäftspläne in der Zentrale entwickelt (oder beauftragt) und dann umgesetzt. Es wurden dazu mittel- und langfristige Ziele gesetzt, Maßnahmen auf den Weg gebracht, Ergebnisse kontrolliert und weiter gesteuert.

Solche Pläne können dann die Sicht auf reale Probleme bei der Umsetzung sowie neuen Möglichkeiten verstellen. Gründe dafür sind: Die Zentrale hat einen lange vorbereiteten und durchdachten Plan, der in jedem Fall stimmt. Eine andere Meinung ist nicht vorgesehen, auch weil dieses Muster vielleicht bisher das Erfolgsrezept war.

Wenn der Plan nicht funktioniert, dann liegt es an der Umsetzung. Dadurch, dass versucht wird, den Plan effizient umzusetzen, ist die Aufmerksamkeit gebunden. Chancen werden so nicht wahrgenommen. Beispiele: Kodak und Nokia. Großes Vertrauen und Sicherheit, dass das Top-Management, weiß, was es tut. Die Vergangenheit zeigte das eindrucksvoll. Vertieft in die eigenen Geschäftspläne wurden die Marktveränderungen durch neue Technologien gar nicht richtig wahrgenommen. Dann war es zu spät. Die Muster der Vergangenheit sind nicht mehr zwingend die, die für den zukünftigen Erfolg wichtig sein werden.

In der heutigen Zeit ist das Ausdenken von langfristigen Geschäftsplänen, die in der Regel auf Daten der Vergangenheit wie z. B. auch Benchmarks oder auf „Best-Practice-Beispielen" beruhen, viel zu unsicher und meist ist der Prozess zu langsam, um Veränderungen im Markt wahrzunehmen und darauf zu reagieren.

Es braucht eine flexiblere Art auf Veränderungen und Chancen zu reagieren. Im Wissens- bzw. Komplexitätszeitalter ist es wichtig, stetig Handlungskompetenzen zu entwickeln, die es immer besser möglich machen mit Veränderungen im Markt umzugehen. Diese lassen sich am besten auch mit Experimenten und Feldtests erproben. Also nicht in der Zentrale still für sich Pläne entwickeln und ausrollen; sondern aktive Tests machen, in der die Annahmen und Wirkungen validiert werden. Es geht darum, schnelles Feedback zu eigenen Ideen zu bekommen und anhand vom Feedback weiter zu lernen und Ideen zu verbessern. Mit Mitarbeitern, die mit Herzblut dabei sind. Die sich und ihre Ideen einbringen können und wollen. Mit Stakeholdern, die die Unternehmensmission schätzen und gemeinsam voranbringen wollen.

In dynamischen Märkten braucht es in der Organisation viele wache Mitarbeiter und Führungskräfte, die immer wieder prüfen, welcher Art die internen Herausforderungen und Probleme sind: Komplizierte oder komplexe Fragestellungen? Sind diese Probleme Anzeichen, dass es im Geschäftsmodell Veränderungen und Probleme gibt?

Parallel dazu braucht es die wachen Mitarbeiter und Führungskräfte, die den Markt, Kunden, Nicht-Kunden, Mitbewerber aber auch andere Märkte beobachten: Welche Entwicklungen und Probleme werden sichtbar? Welche Chancen zeigen sich?

Diese Fragestellungen in einem Team zusammen mit der Geschäftsführung zu erarbeiten, bringt häufig sehr gute Erkenntnisse zum eigenen Geschäftsmodell. Das Unternehmen Strategyzer hat eine Reihe von nützlichen Tools entwickelt, um das eigene Geschäftsmodell zu analysieren, zu optimieren und zu innovieren (siehe Abb. 2.6). Wir können das sehr empfehlen! Auf der Web-Page von Strategyzer finden Sie eine Reihe von Werkzeugen zur Nutzung. Empfehlen können wir zudem das Buch *Business Model Generation* [7].

▶   **Praxistipp Geschäftsmodell analysieren und Chancen entwickeln**

Schritt 1)
Zusammen mit Geschäftsführung und freiwilligen Mitarbeitern erarbeiten Sie sich Ihr Geschäftsmodell wie es aktuell ist. Dazu können Sie „Post-its" und eine Pinnwand, auf der die Struktur der Leinwand abgebildet ist, nutzen. In einer moderierten Runde finden Sie Antworten zu den wesentlichen Bausteinen, so wie es gegenwärtig ist:

Baustein 1: Kunden-Segmente
Für welche Kundensegmente schafft Ihre Organisation Wert?
Was sind die wichtigsten Kunden, die von Ihnen adressiert werden?

Business Model Canvas

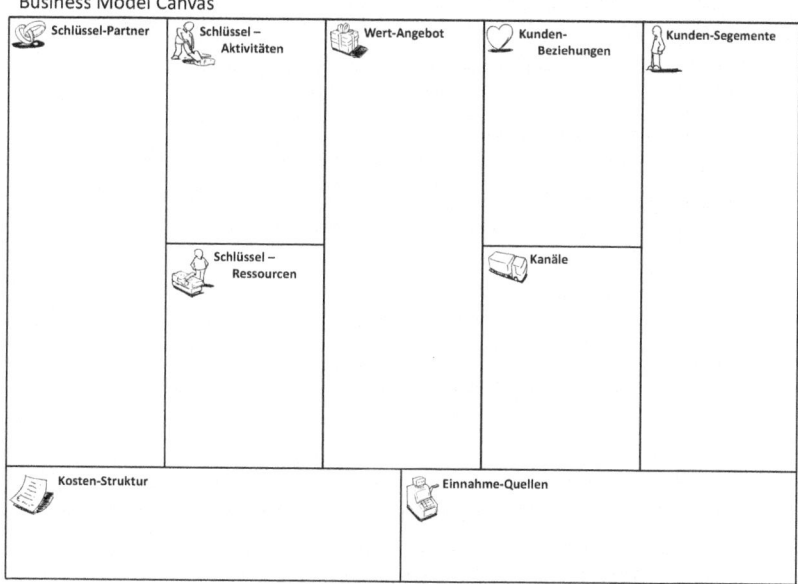

http://www.businessmodelgeneration.com

Abb. 2.6   Business Model Canvas angelehnt an: https://strategyzer.com

Baustein 2: Wert Angebot (Value Proposition)
Welche konkreten Kundenprobleme lösen Sie?
Welche Kundenbedürfnisse befriedigen Sie?
Was wird dadurch leichter? Was wird dadurch für den Kunden möglich?

Baustein 3: Kanäle
Wie erreichen Sie Ihre Kunden? Wie werden sie erreicht und angesprochen (eigene Filialen, Außendienst, Einzelhandel, Internet)?
Welche Kanäle (Kommunikations- und Verkaufskanäle) werden im
gesamten Prozess angefangen von der Kundenansprache bis zum Service genutzt?

Baustein 4: Kunden-Beziehung
Welcher Natur sind die Kundenbeziehungen zu Ihren Kundensegmen-
ten?
Wie pflegen Sie Ihre Kundenbeziehungen (persönlich, individuell,
automatisierte Dienstleistungen, Online-Community,…)?

Baustein 5: Einnahme-Quellen
Welche Haupt-Einnahme-Quellen haben Sie (Produkt- und/oder Dienstleistungsverkauf, Lizenz-Modelle, Mitgliedsbeiträge, ...)?

Baustein 6: Schlüssel-Ressourcen
Welche wesentlichen Schlüssel-Ressourcen (Fachkompetenz im Vertrieb/Beratung, Produktionsstandorte, Patente, Gebäude, Maschinen, Finanzkraft, ...) benötigen Sie für Ihre Wertschöpfung?

Baustein 7: Schlüssel-Aktivitäten
Was müssen Sie konkret tun, um Ihre Wertschöpfung auf den Weg zu bringen? Was ist für die Entwicklung und Erstellung der Wertschöpfung wesentlich zu tun? Was unternimmt der Vertrieb bzw. Service für die Wertschöpfung?

Baustein 8: Schlüssel-Partner
Was sind Ihre wesentlichen Schlüsselpartner und Schlüssellieferanten damit Ihre Wertschöpfung funktioniert? Welche Ressourcen liefern Ihre Partner? Welche Aktivitäten steuern Sie bei?

Baustein 9:
Was sind die wesentlichen Kosten, die bei Ihrem Geschäftsmodell anfallen?
Welche Ressourcen und Aktivitäten tragen einen großen Anteil an Ihren Kosten?

Schritt 2.1)
Machen Sie eine SWOT Analyse zu jedem Baustein. Ziel ist eine Einschätzung, bzw. Bewertung Ihres aktuellen Geschäftsmodells. Dazu sammeln Sie vorab Fakten und Einschätzungen zu folgenden Fragen: Welche Einflüsse auf Ihr Geschäftsmodell und Markt berühren Sie heute und vermutlich morgen?

- Branchen-Einflüsse: Welche Wettbewerber nehmen Einfluss und wie? Welche alternativen Produkte und Lösungen gibt es im Markt? Welche sind auf dem Weg?
- Schlüssel-Trends: Welche technischen und regulatorischen Trends sowie sozioökonomische Trends und gesellschaftliche Trends zeichnen sich ab?

- Markt-Einflüsse: Was sind wesentliche Markt-Treiber und -Entwicklungen? Wie verändern sich Kundensegmente und Kundenbedürfnisse?
- Makro-Ökonomische Einflüsse: Wie schätzen Sie die allgemeine Markt- und Wirtschaftssituation ein? Wie steht es um den Zugang zu Ressourcen für die Wertschöpfung? Wie entwickelt sich die ökonomische Infrastruktur?

Identifizieren Sie wesentliche Einflüsse auf Ihr Geschäftsmodell und Markt. Berücksichtigen Sie diese Einflüsse in Ihrer SWOT Analyse der einzelnen Bausteine.

Schritt 2.2)
Für jeden Baustein und mit Berücksichtigung der unter Schritt 2.1 gefundenen Einflüsse:

- Was sind die Stärken?
- Wo gibt es Schwächen?
- Was sind Chancen im internen und im externen Bereich?
- Was sind Herausforderungen im internen und externen Bereich?

Dazu können Sie gut mit Symbolen arbeiten, z. B. ++ für sehr gut und – für problematisch; oder die Ampel-Variante (grüne Punkte für sehr gut; gelbe Punkte für ok; und rote Punkte für Vorsicht/Problem) nutzen.

Schritt 2.3)
Wenn Sie Ihr Geschäftsmodell – so wie es aktuell ist – beschrieben und bewertet haben, dann können Sie folgende Zusatzüberlegungen zu einigen Bausteinen vor dem Hintergrund Ihrer Unternehmensmission und dem Wertangebot machen:
Welche Ressourcen im Hinblick auf den Umgang mit der blauen und roten Domäne müssen Sie entwickeln? Wie agil ist Ihre Organisation I und bereits eine Ressource für Sie? Wie gut ist Innovationsfähigkeit bzw. guter Umgang mit Komplexität schon heute eine Ressource für Sie?
Wie berücksichtigen Sie in Ihren Schlüssel-Aktivitäten die blaue (Routine) und rote (Dynamik) Domänen? Wie schaffen Sie kontinuierliche Innovations-Prozesse mit Ihren Stakeholdern zu gestalten?

Wie schaffen Sie es, Ihr Wertangebot immer wieder mit der Realität abzugleichen? Wie bekommen Sie wertvolles und kritisches Feedback von Ihren Stakeholdern dazu?

Wie gut erreichen Sie aktuell alle Ihre Stakeholder im Kontext Ihrer Wertschöpfung? Was sind die jeweiligen Kanäle dazu?

Wie müsste die Organisation strukturiert sein, um angemessen mit Komplexität umzugehen? Wie, um kontinuierliche Innovations-Prozesse zu gestalten? Welche Aktivitäten würden von wem, wann und wie durchgeführt?

Ergänzen Sie Ihr Geschäftsmodell mit Ihren Ideen, wie Sie mit den Domänen des Blauen und Roten, bzw. mit Komplexität und Innovation umgehen möchten. Vielleicht brauchen Sie Ressourcen und Aktivitäten, um diese Themen aktiv anzugehen.

Schritt 2.4)
Starten Sie eine Runde mit Kartenabfragen. Keine offene Diskussion an dieser Stelle, um eine breite Meinungsvielfalt zuzulassen. Bitten Sie jeden Teilnehmer, drei Karten mit je einem Thema und Satz kernig zu formulieren:

- Welche Verbesserungs-Möglichkeiten sehe ich, um unsere Wertschöpfungskette zukunftsfähiger zu machen?
- Welche erste grobe Idee einer Innovation habe ich, um unsere Wertschöpfung für alle unsere Stakeholder zu verbessern?
- Was sollten wir als nächstes tun?

Lassen Sie die Karten vorstellen und im ersten Schritt Verständnisfragen zu. Dann steigen Sie in einen konstruktiven Dialog ein, welches Thema Sie konkret angehen wollen.

Dabei ist es aus unserer Sicht ein wichtiger Punkt, in Experimenten zu denken. Viele Ideen, die in Punkt 2.3 gefunden wurden, sind Annahmen und Hypothesen. Wie können Sie diese Annahmen und Hypothesen schnell verifizieren? Wie können Sie Lösungsideen austesten, erproben und aus den Erfahrungen lernen, um bessere Lösungen zu entwickeln? Wie können Sie Ihre Stakeholder aktiv einbeziehen und gemeinsame Lösungen auf den Weg bringen, die Win-win-Situationen als Zielsetzung haben?

Sie können die Diskussion um ihr Geschäftsmodell auch sehr überraschend und kreativ gestalten. Stellen Sie sich vor Sie beraten einen

Start-up, der das Ziel hat, Ihr Geschäftsmodell maximal zu schaden. Was müssten sie tun? Worauf müssten sie achten? Wie würden sie Ihre Kunden gewinnen?

Schritt 2.5 Schnittstellen-Analyse

Parallel zu den Prozess-Schritten ist ein anderer Punkt sehr wichtig, um in komplexen und dynamischen Märkten voranzukommen. Wie organisieren Sie im Unternehmen Arbeit? Machen Sie die richtigen Dinge in der richtigen Weise, um einen guten Nutzen in die Welt zu bringen? Wie gut arbeiten Sie aktuell zusammen? Wie sind Sie aktuell organisiert? Wie sehr steht die Wertschöpfung im Zusammenhang mit den wesentlichen Stakeholdern im Mittelpunkt? Wie sehr werden Mitarbeiter breit, verantwortlich und klug in diese Fragestellungen eingebunden? Wie differenzieren Sie den „blauen" und „roten" Bereich? Wie sehr werden Mitarbeiter und die Organisation weiterentwickelt, um gut mit Komplexität umzugehen? Wie sehr gibt es Raum in der Organisation, um Innovationen auf den Weg zu bringen? Wie sehr fördern Sie konstruktiven Dialog?

Wie schaffen Sie konkrete Möglichkeiten, dass die einzelnen Bereiche, Abteilungen und Teams sich über Ihren Wertbeitrag zum „Großen und Ganzen" bewusst sind und die Zusammenhänge zu ihren Aufgaben sehen? Wie gelingt es, die oft auch latenten Zielkonflikte der einzelnen Bereiche konstruktiv anzusprechen?

Um in diesen Fragen konkret weiter zu kommen, empfiehlt sich der Start mit einer Schnittstellen-Analyse Anfangen kann die Geschäftsführung mit der ersten Führungsebene bei klassisch geführten Organisationen vor dem Hintergrund des „Business Modell Canvas", d. h. des eigenen aktuellen Geschäftsmodells.

Lassen Sie von jedem Teilnehmer auf einer Meta-Plan-Wand skizzieren:

2.5.1 Mit wem arbeite ich zusammen? Wem arbeite ich zu? Wer arbeitet mir zu? Wie wichtig ist das für die Wertschöpfung?

Das kann mit Kreisen für Personen, Teams und Geschäftsbereichen dargestellt werden. Pfeile zeigen die Richtung der Zusammenarbeit an. Dünne Pfeile signalisieren eine geringe Wichtigkeit und dicke Pfeile signalisieren eine hohe Wichtigkeit für die Wertschöpfung. Dazu formulieren Sie einen kurzen Text, was die konkreten Ergebnisse der Zusammenarbeit sind.

2.5.2 Wie zufrieden bin ich mit den Ergebnissen (Qualität, Zeit, Ressourcen-Nuung, Effizienz, Effektivität)?

2.5.3 Was wünsche ich mir anders? Welche Verbesserungen sind möglich? Was kann weggelassen werden? Was kann ich selbst für eine Verbesserung beitragen? Wie gut kommt in der Schnittstellen-Analyse eine breite Beteiligung, Selbstverantwortung, Selbstorganisation, Effizienz und Effektivität vor? Wie kommen die „blauen" und „roten" Domänen entsprechend zum Ausdruck?

2.5.4 Prozesse, Strukturen und Regeln definieren: Was sind konkrete Aufgaben und Verantwortlichkeiten jedes Schnittstellen-Partners, die sich festhalten lassen? Welche Strukturen und Prozesse sollen genutzt werden? Welche Regeln sollen gelten?
Woran wird jeweils eine gute Qualität festgemacht? Wie soll mit Schwierigkeiten und Verbesserungsideen umgegangen werden? Was soll gemacht werden, wenn es Druck und Stress gibt und Vereinbarungen nicht eingehalten werden? Welche konkreten Projekte und Maßnahmen können wir aufsetzen, um schlanker, agiler und wertschöpfender zusammen zu arbeiten (rote und blaue Domäne entsprechend berücksichtigen)?

Praxistipp Advice Prozess für mehr Agilität: Wenn Sie schneller und agiler in Ihrer Organisation arbeiten wollen, dann empfiehlt sich der Advice oder Konsent Prozess. Das bedeutet, dass Projektvorhaben oder Entscheidungen umgesetzt werden, es sei denn es hat jemand, der davon betroffen ist, berechtigte Einwände. Es geht hierbei nicht um Konsens oder Demokratie. Die Praxis zeigt, dass mit diesem Verfahren mehr Schnelligkeit und Qualität in Entscheidungsprozesse kommt. Durch den konstruktiven Feedback-Prozess steht die Sache im Vordergrund und berechtigte Einwände werden berücksichtigt.
Idealerweise kann jeder Mitarbeiter im Rahmen seiner Aufgaben und Verantwortlichkeiten selbst entscheiden und hat einen entsprechenden Gestaltungsspielraum.
Gibt es Situationen, Aufgabenstellungen und/oder Verbesserungsideen, in denen ein Mitarbeiter Entscheidungen treffen möchte, die auch andere Aufgaben und/oder Verantwortlichkeiten berühren, dann muss der Mitarbeiter mit jedem direkt und indirekt Betroffenen einen

Konsens-Dialog führen. Was ist die Situation? Was will er tun? Was sind die erhofften Ergebnisse? Die andere Person stellt anfangs nur Verständnisfragen, bis die Sicht des Mitarbeiters verstanden ist. Wenn alle angesprochenen Personen keine Einwände haben, dann kann das Vorhaben bzw. die Entscheidung umgesetzt werden. Als Einwand gilt nur, wenn dieses Vorhaben andere wichtige Ziele behindert, bedroht oder verhindern würde. Dann muss dieser Einwand in einem neuen Vorschlag berücksichtigt werden. Als Einwand gilt nicht: „Da habe ich kein gutes Gefühl. Das haben wir noch nie so gemacht, etc.". Man muss das Vorhaben nicht gutheißen; es darf nur inhaltlich nichts dagegensprechen.

Dieses Vorgehen ist in der Soziokratie, Holacracy und in einigen agilen Unternehmen schon lange Praxis. Christian Rüther hat Merkmale, Vorgehensweisen und Unterschiede von agilen Unternehmen in einem PDF Skript [3] sehr gut zusammengefasst.

Praxis: Vorgehensweise im Team zum Konsent Prozess:

1. **Die Idee:** Kurze Erklärung des „Ideenbringers": „Welches Problem oder welche Chance ist mir aufgefallen? Wie erkläre ich mir das? Welche Auswirkungen hat es auf unsere Ziele? Sehe ich schon eine Lösung?"
2. **Erstes Verständnis:** „Habe ich alles verstanden? Was möchte ich noch wissen?"
   1. Erste Meinungsrunde. Jeder gibt eine kurze Stellungnahme: „Was ist meine Meinung dazu?"
   2. Zweite kurze Meinungsrunde, nachdem ich alle anderen Meinungen gehört habe: „Wie sehe ich die Sache jetzt?"
3. **Lösung entwickeln:** „Wie könnte eine gute Lösung aussehen, die für uns im Team und in der Organisation passt? Bzw. braucht es dazu ein Projekt, in dem Lösungen entwickelt werden?"
4. **Realitäts-Check?** „Welche Chancen bietet die Lösung? Welche Auswirkungen hätte die Lösung? Realistisch? Machbar? Gibt es jemanden, der einen wichtigen Einwand hat, dass die Lösung andere wichtige Ziele verhindert?"
5. **Gibt es einen schwerwiegenden Einwand?** Wenn andere wichtige Ziele verhindert werden, muss der Einwand berücksichtigt werden! Mehr nachforschen? Andere Wege? Zu Punkt 3 mit viel Motivation gehen. Wenn kein Einwand bzw. dieser eingearbeitet ist, dann weiter zu Punkt 6.
6. **Geplant loslegen:** Der Vorschlag wird angenommen. Wenn die Lösung gleich umgesetzt werden kann, dann los! Falls nicht, wird das Projekt gestartet. Wer

übernimmt das Projekt (meist Ideenbringer, da oft am meisten Energie)? Wer wird dazu gebraucht? Was ist der nächste konkrete Schritt, um in dem Projekt weiter zu kommen? Bis wann soll es fertig sein? Auch ein großes Projekt beginnt mit dem ersten Schritt.

7. **Dokumentation des Projektvorhabens**

Praxis-Beispiel

Eine gute Bekannte von mir erarbeitete unaufgefordert und aus eigener Überzeugung einen neuen Weg, wie die interne Revision effektiver arbeiten könnte. Es gab verschiedene bekannte Probleme im Prozess. Auch die Akzeptanz in der Organisation war nicht gut. Sie ist in der Abteilung tätig, führt auch Revisionen durch und wird auch von ihrem Chef geschätzt(abgeleitet aus den Mitarbeitergesprächen und Beurteilungen).

Sie schrieb zehn Seiten, wie ihrer Meinung nach sowohl der Prozess als auch die Akzeptanz verbessert werden kann. Sie machte einen Termin mit ihrem Chef aus und stellte ihm vor, was sie dazu bewogen hat, dieses Konzept zu schreiben und erklärte grob, was sie verändern wollte. Seine Reaktion war: „Muss ich das wirklich alles lesen?".

Zeitnah vor dem Ereignis wurde vom Vorstand deutlich gemacht, wie sehr „man" seine Mitarbeiter, Engagement und Ideen braucht. Das steht ja auch im Leitbild. Wenn es noch einmal deutlich gemacht wird, zeigt das aus meiner Sicht, dass es wohl noch nicht überall so gemacht wird.

Demotivation entsteht dann, wenn wesentliche Bedürfnisse nicht erfüllt werden, oder schlimmer, frustriert werden. Klar war meine Bekannte enorm frustriert. Leistung und Ideen entwickeln. Engagement für die Sache zeigen. Das wollte meine Bekannte gerne. Doch nach der Erfahrung meinte sie, lässt sie es lieber. Sie weiß auch, dass ihr Chef das eigentlich nicht beabsichtigt hat und mitdenkende Mitarbeiter an seiner Seite will.

Ein Jahr später kam der Chef erfreut auf meine Bekannte zu und sagte, dass er neue Ziele bekommen habe. Eins davon ist, den Prozess der Revision deutlich zu verbessern und sie hatte doch dazu eine gute Ausarbeitung. Eine gute Erinnerung ist auch eine gute Fähigkeit im Management.

Sicher lassen sich auch Fragen an das „System – hierarchische Führung und Steuerung" stellen:

- Hatte der Chef einen schlechten Tag?
- Was wäre, wenn man prüfen würde, was den Chef veranlasst hat so zu reagieren (ausgelastet mit anderen Aufgaben; nicht Teil seiner Ziele; Fokus darauf, keine Fehler zu machen; keine wirkliche Zeit für Mitarbeitergespräche, …)?

- Was wäre, wenn sie ihre Meinung zu seiner Reaktion konstruktiv aber klar eingebracht hätte?
- Was wäre, wenn sie ihren Chef zu der praktischen Bedeutung des Statements des Vorstands befragt hätte?
- Was wäre, wenn sie den Vorstand (Betriebsrat) zu ihrer Erfahrung kontaktiert hätte?
- Was wäre, wenn man das ganze System anschaut und prüft, wie in der Vergangenheit mit „Eigeninitiativen" und „anderen Meinungen" oder „Fehlern" umgegangen wurde?
- Wie weit wird das gewünschte Leitbild vom Vorstand selbst glaubhaft vorgelebt? Wie weit wird die 1. Führungsebene davon aktiv berührt?

…

Interessant ist, dass viele Fragen verschwinden, wenn nach dem „Konsent Prozess" in der Organisation gearbeitet wird. Dann geht es mehr um die Sache, statt um persönliche Befindlichkeit und interne Politik.

Alle Organisationen wollen motivierte Mitarbeiter, die sich für die Sache des Unternehmens konstruktiv einsetzen. Am einfachsten ist es, sie nicht zu demotivieren. Der nächste gute Schritt ist Engagement einfach anzuerkennen, wenn es im Sinne der Unternehmensmission ist.

Im nächsten Schritt kann es darum gehen, einen Rahmen zu entwickeln, der es allen – Geschäftsführung, Führungskräften und Fachkräften – erlaubt, Verantwortung für Aufgaben und Ziele gerne zu übernehmen. Welche Rolle habe ich? Welche wesentlichen Aufgaben gehören dazu? Welche Verantwortung übernehme ich für diese Aufgabe? Woran merke ich/andere, dass ich einen guten/schlechten Job mache?

Ist das auf den Weg gebracht, dann bedeutet dies insbesondere einen konstruktiven Umgang mit unterschiedlichen und möglicherweise gegensätzlichen Meinungen zu entwickeln, damit Rollenkonflikte und Zielkonflikte um die Sache zeitnah und professionell gelöst werden. Konflikte in diesem Sinne sind Reibung um die Sache, ein Motor der Weiterentwicklung, besonders auch, wenn Einigkeit über die Unternehmensmission und abgeleiteten Ziele herrscht.

In manchen, aus meiner Sicht, sehr fortschrittlichen Unternehmen gibt es für solche Fälle den „Konsent Prozess – nicht Konsens!!". D. h., meine Bekannte hätte da mit kompetenten und direkt/indirekt betroffenen Menschen aus der eigenen Organisation ihr Konzept besprochen und vor allem auch hingehört, was es an konkretem Feedback gibt.

Gäbe es keine sachlichen Einwände, dass die Organisation dadurch möglicherweise Schaden nehmen würde, dann hätte sie ihr Konzept einfach in der Organisation so umgesetzt (auch, wenn das Konzept jemanden nicht gefallen hätte.). Leadership überall statt nur in der Zentrale. Anderenfalls würde sie die Einwände im Konzept berücksichtigen und dann noch mal vorstellen oder das Projekt einstellen.

▶　**Praxistipp – Führungsteam** Wie entsteht ein Führungsteam – statt eines Management-Teams, das nur in Silos denkt – eigentlich? Olaf Hinz hat das in seinem Buch „Das Führungsteam" hervorragend beschrieben. [8] Ich kann das Buch und Vorgehen sehr empfehlen, da ich es selbst mehrfach ausprobiert habe. Für Berater und Geschäftsführer, die wissen wollen, auf was sie sich in einem solchen Prozess einlassen und welche Schritte in dem Prozess wesentlich sind, ist das Buch und Vorgehen sehr empfehlenswert.

2.7.1　Laterales Führen

Das Konzept des lateralen Führens (Führung zur Seite ohne disziplinarische Macht) von Stefan Kühl [9] bietet für Führung für Wertschöpfung eine gute inhaltliche Bereicherung. „Lateral" heißt „zur Seite hin" führen. Das Konzept kann überall angewendet werden, wo es um Einflussnahme geht. Im Kontext von wertschöpfender Führung sehen wir es als ein wertvolles Modell, um mit allen Stakeholdern im Dialog konstruktiv zusammen zu arbeiten. Welche Möglichkeiten bieten sich Mitarbeitern, Einfluss auszuüben und ihre Interessen kooperativ voranzubringen?

Es geht dabei um die nicht formalisierte Variante des Einflusses in Organisationen. Die formalisierte Variante ermöglicht es, Einfluss über die von der Organisation verliehene und hierarchische Macht über Personen und Ressourcen auszuüben.

Die nicht formalisierte Variante des Einflusses in Organisationen sind Macht, Vertrauen, und Verständigung. Das sind die Wirkfaktoren des „lateralen" Führens.

Macht wird manchmal als keine gute Option betrachtet, um in Organisationen wirksam zu sein. Doch denken Sie an Aufgabenteilung in Organisation. Wenn Bereiche Aufgaben und Ziele haben, dann sollte es Menschen geben, die ein großes Interesse haben, diese Aufgaben und Ziele zu erfüllen. Dieses Interesse braucht Möglichkeiten, wirksam werden zu können. Nicht manipulativ, sondern durch die Möglichkeit kooperativ Interessen im Sinne des Unternehmens voran zu bringen.

Die vier typischen Machtquellen in Organisationen sind: Zugang zu Experten-Wissen, Beziehungen zu relevanten Umwelten (Stakeholder, Märkte, Kunden), Kontrolle und Steuerung von Informations- und Kommunikationskanälen sowie die Möglichkeit, neue Spielregeln (formelle und informelle) aufzustellen. Wo die Zusammenarbeit nicht vorankommt, lohnt sich der Blick auf Macht, Vertrauen und Verständigung. Diese drei Faktoren stehen in einem Spannungsfeld und können sich in ihrer Wirkung gegenseitig stärken aber auch schwächen.

Der Prozess der Analyse von Kooperationspartnern kann so neue Möglichkeiten der Einflussnahme hervorbringen. Das ist sicher auch in Bereichen eine gute Möglichkeit, in denen nicht alle Mitarbeiter zu 100 % hinter der Unternehmensmission und Leitbild stehen. In Anlehnung an Stefan Kühl und Thoms Schnelle: „Laterales Führen – die Rückbindung an die Formalstrukturen von Organisationen" [10] hier eine kurze Zusammenfassung von Analyse-Fragen und Interventions-Ideen:

- Macht bedeutet hier u. a. den Zugang zu Expertenwissen, Kontakten zur Umwelt der Organisation und das Beherrschen von informellen Kontakt- und Informationswegen.
  Analyse der Ressourcen: Über welche Machtquellen verfügen die Kooperationspartner?
  Analyse der Strukturen: Welche Machtspiele laufen immer wieder ab?
  Interventionen: Wie lassen sich Machtspiele verändern?
- Vertrauen zwischen Personen in der Organisation auf Basis der persönlichen Erfahrungen.
  Analyse der Ressourcen: Mit welchen Ressourcen können die Kooperationspartner Vertrauensmechanismen aufbauen?
  Analyse der Strukturen: Welche Prozesse der Vertrauens- (oder Misstrauens-) Pflege finden sich?
  Interventionen: Wie lassen sich die Vertrauens- (oder Misstrauens-)Prozesse verändern?
- Verständigung durch informelle Kommunikationswege, die von der formalen Seite nicht gedeckt sind (kurzer Dienstweg).
  Analyse der Ressourcen: Welche Denkgebäude bestimmen das Weltbild der einzelnen Kooperationspartner?
  Analyse der Strukturen: Welche Verständigungsprozesse laufen immer wieder ab?

Interventionen: Wie können neuartige Verständigungen zwischen den Kooperationspartnern aufgebaut werden?

Selbst dort, wo eine formale Macht herrscht, kann mit diesem Konzept überzeugender agiert werden.

Praxis-Beispiel

Im Bereich der Schnittstellen-Analyse habe ich das Modell „laterale Führung" bei einer Geschäftsführung implementiert, um bei der Erarbeitung von sowohl eigenen und gemeinsamen zentralen Aufgaben und Verantwortlichkeiten sowie der Spielregeln im Führungsteam neue Ansätze zu ermöglichen. In Einzelgesprächen haben diese Geschäftsführer dann eine sehr überzeugende Form gefunden, wie sie in Zukunft zusammenarbeiten wollen, um ihre Mission zu verwirklichen. Dabei wurden Verständigungs-, Vertrauens-, und Machtprozesse analysiert. Das setzt natürlich Vertrauen voraus, da im Dialog auch „Sachzwänge" und „Machtquellen" thematisiert wurden. Das führte in dem Fall zu mehr Verständnis, Vertrauen auch im Umgang mit Macht. Im nächsten Schritt erarbeiteten sich Geschäftsführung und erste Führungsebene neue Gestaltungsmöglichkeiten mit mehr Verantwortung für die einzelnen Bereiche – auch, um so mit den roten und blauen Domänen angemessener umzugehen. Es wurde auch klar, dass jeder Geschäftsführer und die erste Führungsebene jeweils eigene Sichtweisen auf die Welt haben und es eine gemeinsame Mission gibt. Diese eigenen Sichtweisen – so die weitere Erkenntnis – werden weiter für Zielkonflikte sorgen.

Das gilt, so denken wir, für alle Organisationen. Dynamik, Widersprüchlichkeit und Zielkonflikte wird es in jeder Organisation immer geben. Die Lösung wird nicht sein, diese ein für alle Mal aufzulösen. Es geht darum, es zu wissen und Dialogformen zu finden, die einen guten Umgang damit möglich machen.

2.8   Zusammenfassung

Führung für Wertschöpfung hat die wesentlichen Aufgaben in dynamischen Märkten dafür zu sorgen, dass

- es allen klar ist, dass es nicht die „Lösung – Führungsart, Organisationsform" gibt; es bleibt dynamisch und widersprüchlich
- die Wertschöpfung und Märkte im Fokus bleiben

- Mitarbeiter sich breit und verantwortlich einbringen, d. h. es werden Aufgaben und Verantwortlichkeiten im Kontext der Zusammenarbeit und Wertschöpfung klarer vereinbart sowie die Spielregeln, wie diese zu verändern sind; in diesem Rahmen führen Mitarbeiter über ihre Aufgaben und Verantwortlichkeit für die Mission
- Prozesse und Strukturen so zu gestalten sind, dass mehr Verantwortlichkeit und Gestaltungsspiel möglich sind
- Verständnis, Vertrauen und Macht als Einflussmöglichkeiten aktiv genutzt werden, um handlungsfähig zu sein
- Handlungskompetenzen im Umgang mit Komplexität und Geschäftsmodell stetig vertieft und erweitert werden
- Innovationen immer wieder hervorgebracht werden
- das eigene Geschäftsmodell und Wertangebot für Kunden und Stakeholder immer wieder überprüft werden muss
- Kompliziertes und Komplexes unterschieden und angemessen damit umgegangen wird
- dass die eigene Art von Führung oder Organisation immer wieder auf Nützlichkeit für alle Stakeholder überprüft und angepasst wird
- mehr Selbstorganisation und Autonomie mehr Abstimmungs- und Integrationsleistung verlangt
- alles auch ganz anders sein kann

Sie haben dazu den Unterschied von komplizierten und komplexen Fragestellungen kennen gelernt (Domäne des roten und des blauen Bereichs). Entwickeln Sie die Meisterschaft, mit beiden Bereichen passend umzugehen.

Doch Vorsicht dabei: Wir Menschen können selten beides zugleich – sowohl im roten und blauen Bereich zeitgleich zu arbeiten. Vielleicht können und wollen auch nicht alle Menschen im roten, bzw. blauen Bereich arbeiten. Welche Fähigkeiten gilt es in Ihrer Organisation ergänzend zu entwickeln?

Lösungsansatz: Neben den blauen Routine-Tätigkeiten in der Linienorganisation könnte es freiwillige Mitarbeiter geben, die in Teams im „roten Bereich", d. h. in dynamischen Fragestellungen zusammenarbeiten. Wie organisieren Sie Ihre Organisation, um einen optimalen Umgang mit den „roten" und „blauen" Domänen zu entwickeln (Siehe auch weiter unten zu Organisationsform)?

Sie haben die Möglichkeit, sich von starren Leitbildern zu verabschieden und mehr nach Prinzipien zusammen zu arbeiten.

Sie haben mit dem Business Modell Canvas ein Tool und Fragestellungen kennengelernt, die es Ihnen ermöglichen, Chancen und Herausforderungen in Ihrem

Geschäftsmodell aufzuspüren. Ihr Team kann mit mehr Verständnis für das eigene Geschäftsmodell verantwortlicher und wertschöpfender arbeiten.

Die Schnittstellen-Analyse bietet Ihnen Chancen effizienter und effektiver im Rahmen ihres Geschäftsmodells zusammen zu arbeiten. Nutzen Sie die Erkenntnisse und passen Sie Strukturen, Prozesse und Regeln entsprechend an. Das Konzept des lateralen Führens schafft Chancen für anschlussfähige und überzeugende Einflussnahme.

So kann Zukunftsfähigkeit immer wieder Schritt für Schritt gemacht werden. Gehen Sie unter Einbeziehung der Geschäftsführung diese Schritte. Machen Sie konkrete Experimente. Der Name sagt es schon. Es muss nicht gleich alles klappen. Es kann und darf gelernt werden. In dynamischen Märkten kann man keine Geschäfts-, Führungs-, oder Organisationsmodelle eins zu eins kopieren.

> **Praxistipp Organisationsform und nächste Schritte** Wir haben kein Buch über Organisationsentwicklung verfasst, sondern über Führung und Wertschöpfung. Es gibt eine große Anzahl von Möglichkeiten, mit neuen Organisationsformen zu arbeiten. Wir sind der Meinung, dass es nicht die „Organisationsform" gibt, die alle Probleme löst. Jede Art der Organisation bietet Chancen und es gibt auch ungewünschte Aus- und Nebenwirkungen. Hüten Sie sich vor Beratern oder der Idee, dass es die „Organisation" gibt, die alles löst und immer funktioniert.
>
> Unsere Auffassung und Meinung ist: Entwickeln Sie die Organisationsform, die zu Ihnen passt und bleiben Sie dabei flexibel.
>
> 1. Sie können mit dem Prozess der Schnittstellen-Analyse in der Geschäftsführung starten. Sie wollen sich dabei mehr und breiter auf die Kompetenzen, Gestaltungsfähigkeiten und Verantwortlichkeiten Ihrer Teams verlassen? Dann definieren Sie zusammen mit Ihren Schnittstellen-Partnern entsprechende Aufgaben und Verantwortlichkeiten, die mehr Wertschöpfung möglich machen. Sie brauchen dann neue Strukturen, Prozesse und Spielregeln, um die definierten Aufgaben verantwortlich anzugehen. Vereinbaren Sie Experimente oder Feld-Tests, um die Prozesse, Strukturen und Spielregeln auszuprobieren. Reflektieren Sie Ihre Erfahrungen und optimieren Sie. Das sind aus unserer Erfahrung gute erste Schritte in eine neue Organisationsform. Sie brauchen in jedem Fall jemanden aus der Geschäftsführung dabei, der eine neue Art von Führung und Zusammenarbeit und damit eine „neue Organisationsform" aus gutem Grunde will.

2. Ergänzend und/oder für Inspiration zu Schritt 1.
   Verschaffen Sie sich einen Überblick von den verschiedenen Ansätzen (z. B. über den Film „Mein wunderbarer Arbeitsplatz" von Arte oder über die Zusammenfassung von Christian Rüther [11] zu den Möglichkeiten der Soziokratie, Holacracy und Reinventing Organizations (Frederic Laloux)). Über Google und andere Suchmaschinen können Sie sich im Internet ein Bild zu Management 3.0, New Work, Unternehmensdemokratie (Dr. Andreas Zeuch) sowie Agiles Management machen.

3. Machen Sie eine Lernreise (Kap. 5) zu Unternehmen, die als Beispiele genannt wurden und die Ihnen zusagen. Fragen Sie nach positiven Effekten aber auch nach Problemen und Stolpersteinen bei der Einführung und Arbeit. Mehr agiles und selbstorganisiertes Arbeiten bedeutet z. B. einen höheren Koordinierungsaufwand mit Schnittstellenpartnern und Integrationsaufwand in die Organisation. Je mehr Autonomie und Selbstorganisation in Organisationen, desto mehr werden die einzelnen Bereiche, Abteilungen oder Teams professionell bestmöglich ihre Bereichs-Aufgaben und Ziele angehen. Je besser das gelingt, desto mehr Abstimmungsbedarf entsteht. Es kann nicht gelingen, alles auf dem Schirm zu behalten. Täte es das, wäre es schwierig in einzelnen Bereichen wirkliche „Spitzenleistungen" zu vollbringen. Denken Sie an Vertrieb, Produktentwicklung und Service und überlegen Sie sich, wie jeder Bereich sich weiter differenziert und selbstorganisiert seine eigenen Abteilungsziele verfolgt und bestmöglich umsetzt.
   Es braucht dann mehr Dialog und Abstimmungen über mögliche Zielkonflikte und Integrationsleistungen für das „Große und Ganze".

4. Machen Sie konkrete eigene Experimente mit aktiver Beteiligung der Geschäftsführung zu diesen neuen Formen der Organisation. Lassen Sie sich dabei von einem Prozess-Berater begleiten. Alle Beteiligte müssen in dem Prozess neues lernen aber auch alte Muster verlernen. Das ist im Alltag keine leichte Sache. Es braucht dazu Raum, um diesen Prozess zu reflektieren.

5. Übertragen Sie diese Experimente auf weitere Unternehmensbereiche. Auch diese Bereiche brauchen Raum und Zeit. Achten Sie darauf, dass Ihre Prozesse, Strukturen und Regeln Ihre gewünschte Organisationsform unterstützen. Nur Appelle „agiler" oder „wertschöpfender" zu arbeiten werden nicht reichen.

6. Bleiben Sie nicht stehen. Achten Sie auf Ihren Markt.
7. Es wird nie so sein, dass Sie alle Probleme ihrer Organisation lösen können. Dynamik und Widersprüche werden bleiben. Es wird weiter Fehler und Probleme geben. Projekte werden schieflaufen. Die frühzeitige Wahrnehmung ist wichtig. Sie brauchen eine positive Fehlerkultur. Denn es geht darum, mehr Handlungskompetenzen in der Organisation zu entwickeln, um mit Komplexität und Dynamik umgehen zu können.
8. Achten Sie auf sich und Ihre Mitarbeiter. Es geht um gute sinnvolle und wertschöpfende Arbeit. Mitarbeiter sollten die Mission teilen und Interesse am Unternehmenserfolg haben. Sie haben jedoch alle noch ein normales Leben.

Literatur

1. Pfläging, N. (2014). *Organisation für Komplexität: Wie Arbeit wieder lebendig wird – und Höchstleistung entsteht* (2. Aufl.). München: Redline.
2. Pfläging, N., & Hermann, S. (2015). *Komplexithoden – Clevere Wege zur (Wieder) Belebung von Unternehmen und Arbeit in Komplexität* (1. Aufl.). München: Redline.
3. Wohland, G., & Wiemeyer, M. (2012). *Denkwerkzeuge der Höchstleister: Warum dynamikrobuste Unternehmen Marktdruck erzeugen* (3. Aufl.). Lüneburg: UNIBUCH.
4. Pressemitteilung der Personalberatung Rochus Mummert http://www.rochusmummert.com/downloads/news/160426_FINAL_PI_Emotionale_Führung_4.pdf. Zugegriffen: 30. Aug. 2016.
5. Gary, H. (2008). *Das Ende des Managements. Unternehmensführung im 21. Jahrhundert.* Berlin: Econ.
6. Wenger, A. (2016). „Wir haben eine historische Chance" Interview. *Brandeins, (2016)*3.
7. Osterwalder, A., & Pigneur, Y. (2011). *Business Model Generation: Ein Handbuch für Visionäre, Spielveränderer und Herausforderer* (1. Aufl.). Frankfurt a. M.: Campus.
8. Hinz, O. (2014). *Das Führungsteam. Wie wirksame Kooperation an der Spitze gelingt.* Berlin: Springer Gabler.
9. Kühl, S. (2017). *Laterales Führen: Eine kurze organisationstheoretisch informierte Handreichung.* Berlin: Springer.
10. Kühl, S. & Schnelle, T. (2016). http://archiv.metaplan.de/wp-content/uploads/2013/10/04_Laterales_Fuehren_-_die_Rueckbindung_an_die_Formalstrukturen_von_Organisationen.pdf. Zugegriffen: 30. Aug. 2016.
11. Rüther, C. (2016). Skript: Soziokratie, Holakratie, Frederic Laloux „Reinventing Organizations" und …. http://www.soziokratie.org/wp-content/uploads/2016/03/skript-soziokratie-holakratie-laloux-und-mehr-201603.pdf. Zugegriffen: 30. Aug. 2016.

Haltung von Führungskräften für mehr Wertschöpfung

3

Zusammenfassung

- Was ist meine Aufgabe als Führungskraft? Die Antwort ist einfach, jedoch oft nicht gelebt: Als Führungskraft bin ich dafür verantwortlich, dass mein Team motiviert und effizient arbeiten kann. Um in volatilen Märkten bestehen zu können, müssen Führungskräfte ihrem Team optimale Leistungserbringung (im Sinn der Unternehmensmission) ermöglichen.
- Welche Rolle ergibt sich daraus für Führungskräfte? Sie sind Dienstleister für ihr Team. Sie sind nicht besser oder wichtiger als ihre Teammitglieder. Sie haben zwar mehr Verantwortung, die richtigen Entscheidungen zu treffen, aber das macht sie nicht zu etwas „Besserem" wie jedes andere Teammitglied. Für die Haltung, sprich für die Einstellung, die das Denken und Handeln zwischen Führungskraft und Teammitgliedern prägt, bedeutet dies, dass alle menschlich auf Augenhöhe sind. Dieses Gefühl haben jedoch viele Mitarbeiter nicht in der Interaktion mit ihrem Chef. Oft empfinden sie einen sowohl hierarchischen als auch menschlichen Unterschied. Dieser Unterschied muss aufgehoben werden!
- Vertrauen ist die Basis!
- „Ich kam wegen dem Ruf des Unternehmens, und ich ging wegen meiner Führungskraft", sagen viele, die den Job wechseln. Der Schlüssel für die Umsetzung von wertschöpfender Führung sind die Führungskräfte und die Haltung, die sie ihrem Team gegenüber an den Tag legen. Ressourcen in „Führung" zu investieren wird sich immer auszahlen. Damit ist sowohl die Zeit von Führungskräften, die sie mit Einzelgesprächen, Teammeetings oder Workshops verbringen als auch das Geld für Maßnahmen zur Reflexion der Führungskultur im Unternehmen gemeint.

© Springer Fachmedien Wiesbaden GmbH 2017
C. Schlachte und S. Lobodda, *Führung und Wertschöpfung*,
DOI 10.1007/978-3-658-15654-1_3

- Passen die Mitarbeiter und Führungskräfte zur Unternehmensmission und den Werten, können (Ziel-)konflikte vermieden werden. Bei der Auswahl neuer Mitarbeiter ist ein genauer Abgleich nötig. Das Team entscheidet gemeinsam, ob Potenzial für „Könnerschaft" vorhanden ist und die Handlungskompetenzen mit der Einstellung erweitert werden.

Vielleicht ist es bei Ihnen anders, wir bitten Sie dennoch, kurz in sich zu gehen. Es könnte sein, dass in Ihrer Organisation auch etwas davon vorherrscht …

Wenn Berater ins Unternehmen gerufen werden, ist es üblicherweise so, dass etwas besser laufen sollte. Die ersten Gespräche finden mit der Geschäftsleitung statt. Sie erläutert, wo die Probleme sind und wie diese aussehen. Die Berater stellen (hoffentlich schlaue) Fragen und machen Lösungsvorschläge oder zeigen einen möglichen Weg auf, die Probleme zu beheben. Uns ist aufgefallen, dass sich ein Punkt sehr oft wiederholt: Der Lösungsansatz – wobei die Problemstellung beliebig austauschbar ist – liegt meist beim mittleren Management. Hoher Krankenstand, Fluktuationsquote, Ineffizienz, mangelnde Einsatzbereitschaft der Mitarbeiter, schlechte Ergebnisse bei Mitarbeiterbefragungen, zu wenig Innovationsfähigkeit oder Qualitätsprobleme – immer sind die Führungskräfte im Fokus der Berater. Mit ihnen müssen Workshops durchgeführt werden, sie müssen trainiert werden, oder es werden gar Führungskräfte identifiziert, die ausgetauscht werden müssen. Die Führungskräfte müssen besser werden. Sie sollen die Ideen und Vorgaben der Geschäftsleitung besser umsetzen, ihr Führungsverhalten verbessern und besser kommunizieren. Die Quintessenz ist: Wenn die Führungskräfte besser arbeiten würden, würde die Organisation besser funktionieren und wäre somit erfolgreicher.

Das ist für alle am Gespräch beteiligten Personen (Berater und Geschäftsleitung) sehr dankbar. Als Berater kann man die Leistung der Geschäftsleitung würdigen und eine positive Beziehung aufbauen. Die Geschäftsleitung fühlt sich in ihren täglichen Problemen verstanden. Sie muss selbst nichts an ihrem Verhalten ändern. Die „Schuldigen" sind identifiziert und einem gut dotierten Beratungsauftrag steht nichts im Weg.

Aus unserer Sicht ist die Realität in Organisationen zu komplex, als dass ein solcher Ansatz erfolgversprechend sein könnte. Das mittlere Management wird üblicherweise durch das Top-Management bestimmt. Entweder liegt hier schon der Fehler, dass völlig falsche Führungskräfte ausgewählt wurden (was sicher nur in Ausnahmen der Fall ist), oder das Problem liegt im System. Die Rahmenbedingungen einer Organisation werden maßgeblich durch die Geschäftsleitung bestimmt. Sie lebt das Führungsverhalten vor, sie setzt die Ziele fest, gibt Handlungsspielräume (oder auch nicht) und beeinflusst die Unternehmenskultur in höchstem Maß. Wenn man nur am Verhalten des mittleren Managements arbeitet, jedoch am System nichts verändert, wird sich das Verhalten der Führungskräfte vielleicht kurzfristig verändern, aber – mittel- und langfristig – wird es sich wieder auf dem Ausgangsniveau einpendeln.

Eine Veränderung kann nur umgesetzt und anschließend gelebt werden, wenn sich die Strukturen des Systems – der Organisation – ändern. Und diese können sich nur verändern, wenn sich das Verhalten derer verändert, die das System – die Organisation – leiten. Bei einer Veränderung der Struktur ist immer die Geschäftsleitung gefragt. Bei ihr muss die Offenheit und der Wille vorhanden sein, die aktuellen Strukturen zu hinterfragen und anzupassen, also ihre aktuelle Haltung gegenüber Mitarbeitern und Führungskräften in ihrer Organisation.

Wenn wir im Folgenden von einer neuen Haltung der Führungskräfte sprechen, möchten wir Sie dazu anregen, über Ihre aktuellen Strukturen nachzudenken. Bitte reflektieren Sie, was Sie tun könnten, um diese Haltung zu unterstützen und voranzubringen bzw. welche Hindernisse es abzubauen gilt! Die Führungskräfte können nur einen neuen Weg gehen, wenn Sie die Leitplanken dafür anpassen.

3.1 Die Aufgabe von Führungskräften

Was ist die Aufgabe einer Führungskraft? Die Antwort steckt im Wort: zu führen. Auf eine Fußballmannschaft übertragen, wäre eine Führungskraft also kaum der beste Spieler auf dem Platz, sondern eher der Coach oder Trainer. Sie muss nicht die meisten Ballkontakte haben. Sie muss nicht die meisten Tore schießen. Wichtig ist, dass sie den Überblick behält, die Mannschaft zusammenhält, erkennt, wer keine Energie mehr hat, bei jedem Spieler dafür sorgt, dass er/sie fit ist und die bestmögliche Leistung abrufen kann. Wer wird zur Führungskraft? Im wirklichen Leben oft der- oder diejenige, die ihre operative Arbeit am besten macht. Der Fachexperte wird häufig Leiter des Teams und nicht der oder die mit dem meisten Führungspotenzial. Bei einer Diskussion in einem Workshop zum Wort *Führung* gab es einen schönen Beitrag: „Ich muss doch als Manager einer Hühnerfarm nicht am meisten Eier legen können. Mein Job ist es, mich darum zu kümmern, dass die Rahmenbedingungen für die Hühner optimal sind." So kann man es natürlich auch ausdrücken.

Warum kommt es dennoch anders?

Das Peter-Prinzip oder „Die Hierarchie der Unfähigen" (von Laurence J. Peter)

Was heißt das? Peter sagt, dass in einer Hierarchie jeder so lange aufsteigt, bis er auf einer Position ankommt, die seine Fähigkeiten übersteigt. Beispiele fallen Ihnen sicher sofort ein – hier eines von Peter:

Auto-Mechaniker Karl Tüftler ist ein Technik-Genie. Weil er jeden Fehler schon durch reines Hören erkennt und schneller als die Kollegen behebt, sind Chef und Kunden sehr zufrieden. Als der Chef eine weitere Filiale eröffnet, wird Herr Tüftler Werkstattleiter. Dort hört er sich weiter Motoren an – und lässt Bestellungen und Buchhaltung liegen. Bald gibt es keine Ersatzteile mehr – oder die falschen. Die Kunden sind unzufrieden, der Chef auch – die Filiale geht den Bach runter. Und Tüftler wird natürlich nicht mehr weiter befördert, er hat die Stufe seiner Unfähigkeit erreicht. Quelle: Brennike [1]

Die Ursache für Fehlbesetzungen liegt folglich meist in einer Kausalkette mit einem Fehler: Nur weil ein Mitarbeiter seinen Job außergewöhnlich gut macht, ist das noch kein ausreichender Indikator für Potenzial zur Führungskraft. Die Psychologie unterscheidet vier wesentliche Motive: Beziehung, Freiheit, Leistung und Macht. In der Rolle als Führungskraft brauche man ein ausgeprägtes Machtmotiv. Es trägt im positiven Sinn von Macht zur Gestaltung bei. Oft werden Leute, die in ihrem Fach gut sind, also ein hohes Leistungsmotiv besitzen, befördert. Das sind die Führungskräfte, die am liebsten alles selbst machen.

In der Folge haben wir es häufig mit engagierten Menschen zu tun, die in ihrer Rolle als Führungskraft überfordert sind.

Was wir in unserer Arbeit als Veränderungsbegleiter, Change Manager und Coach gesehen haben, waren immer Mitarbeiter und Führungskräfte mit einer positiven Intention. Jeder hat (aus dessen subjektiver Sicht) versucht, den Arbeitsalltag so gut wie möglich zu bewältigen. Leider war die Wirkung häufig kontraproduktiv:

Wir arbeiteten mit einem Laborteam. Das Team, zuständig für die Qualitätskontrolle und Prüfungen, beschrieb die Arbeit als völlig demotivierend und ineffizient. Die Aussagen waren, sie hätten kaum Freiheit, keine Eigenverantwortung, die Führungskraft kontrolliere jede Kleinigkeit. Gleichzeitig habe die Führungskraft kaum Zeit für sie, um sich auszutauschen. Alles muss schnell gehen, es herrsche Dauerstress und Aktionismus. Das klang nicht nach einem Arbeitsplatz, an dem man dauerhaft Leistung erbringen kann. Als Ursache für die Situation wurde vom Team das Verhalten der Führungskraft ausgemacht.

Im Gespräch mit der Führungskraft stellte sich das Bild von der anderen Seite dar. Sie erklärte uns, dass viele Fehler gemacht werden, und sie alle erledigten Aufgaben nochmals kontrollieren müsse. Das koste viel Zeit und Energie. Sie war dadurch sehr gestresst und räumte ein, sich auch im Ton zu vergreifen, wenn immer wieder dieselben Fehler gemacht würden. Die Freude bei der Arbeit ginge gegen Null, da sie die Befürchtung hat, ohne sie würde es nicht funktionieren.

Für uns waren beide Sichtweisen verständlich. Jeder wollte, dass die Arbeit fehlerfrei erledigt wird, und dennoch kam es zu Reibung. Positive Intention und negative Wirkung. Beiderseits gab es kein Vertrauen. Es herrschte nicht das Gefühl vor, dass das ganze Team in einem Boot sitze und dieselben, gemeinsamen Ziele anvisiere. Es hat sich ein Graben zwischen der Führungskraft und dem Team aufgetan. Jede der beiden Seiten unterstellte der anderen eine böse Absicht.

Als Außenstehende konnten wir sehen, dass jeder Beteiligte grundsätzlich etwas Gutes wollte. Frei nach Goethes Faust: „Ein Teil von jener Kraft, die stets das [Gute] will und stets das [Böse] schafft" (Goethe [2]). Das ist auch eine unserer Erkenntnisse: Bis auf sehr wenige Ausnahmen will jeder Leistung bringen und zeigen. Das klingt vielleicht erst einmal banal, zieht aber viele Folgeschritte nach sich:

- Wenn jeder etwas Positives beitragen möchte, habe ich per se motivierte Mitarbeiter. Als Führungskraft muss ich niemanden motivieren! Es reicht aus, nicht zu demotivieren!
- Motivierte Mitarbeiter möchten einen Beitrag zum Unternehmenserfolg leisten. Wenn das Ziel klar und auf jeden einzelnen heruntergebrochen ist, wird die Energie dafür eingesetzt, es zu erreichen.
- Fehler passieren jedem. Die Suche nach Schuldigen hat noch kein Problem beseitigt. Wenn etwas schief läuft, ist die Frage, wie man es lösen kann.
- Mitarbeiter, die Verantwortung haben, versuchen, dieser gerecht zu werden. Aufgaben werden lediglich abgearbeitet. Der Unterschied zwischen „Verantwortung übernehmen" und „Aufgaben abarbeiten" ist gravierend!
- Habe ich als Führungskraft die Erkenntnis, mit motivierten Menschen zu arbeiten, die klare Ziele haben, muss ich sie nicht ständig kontrollieren.
- Durch Vertrauen zu meinen Mitarbeitern spare ich mir viele Kontrolltätigkeiten und habe Zeit für wirkliche Führungstätigkeiten.
- Wenn das Team auf dessen Ziele hinarbeitet, ist die Frage der Führungskraft: „Was kann ich heute tun, damit mein Team motiviert und effizient arbeiten kann?" Was kann die Führungskraft tun, damit das Team seinen Job gut machen kann?

Bitte gehen Sie kurz in sich! Können Sie diesen Punkten zustimmen? Würden die Führungskräfte ihres Unternehmens diesen Punkten zustimmen? Was können Sie tun, um die dahinter stehende Haltung mehr ins Bewusstsein Ihrer Führungskräfte zu bringen?

3.2   Führungskräfte sind Dienstleister

Sehen wir uns kurz an, weshalb Unternehmen so aufgebaut sind, wie wir es heute vorfinden. Oben im Organigramm sind Positionen, die Entscheidungen treffen und unten sind die ausführenden Organe. Die Denker und Strategen geben den Operativen vor, was sie zu tun haben. Vor 20, 30, 40 Jahren war das noch viel häufiger so. Unsere Hierarchiesysteme in Unternehmen leiten sich aus den Organisationsstrukturen des Militärs ab (vgl. Meissonnier [3]). Vor allem durch tayloristische Arbeitsstrukturen, in denen kleinteilig Aufgaben definiert wurden, haben sich pyramidenförmige Organisationen gebildet. Damit die Arbeiter ihre Aufgaben vorschriftsmäßig verrichten, sind Vorarbeiter mit Kontrollfunktion etabliert worden. Jeder Arbeiter musste nur ein paar Handgriffe können und diese in gleichbleibender Qualität häufig wiederholen.

Die Bedingungen haben sich verändert. Wir leben in einer Wissensgesellschaft mit Wissensarbeitern und hoch spezialisierten Fachkräften. Der „oben" in der Hierarchie kann nicht mehr der Fähigste, Schlauste, Beste im Unternehmen sein. Das würde bedeuten, dass ein Personalleiter der beste Arbeitsrechtler, Experte für Lohnbuchhaltung, Weiterbildungsfachmann, Employer Branding Profi etc. ist. Wenn dessen Chef zusätzlich noch für Finanzen und IT zuständig ist, müsste dieser auch hier in allen Teildisziplinen der Beste sein. Das kann nicht funktionieren.

Die Bedingungen haben sich also geändert, aber unsere Organisationsstrukturen haben sich noch nicht angepasst. Sichtlich verändert haben sich die Rollen der Positionen in der Struktur. Hoch qualifizierte Mitarbeiter brauchen keinen Chef, der sie regiert, kontrolliert oder gar von oben herab behandelt. Die Erwartung ist, einen Unterstützer, einen Entwickler, einen Befähiger, ein Rollenvorbild, einen Feedbackgeber zu haben. Von ihm wird nicht erwartet, dass er den Job besser macht als der Experte im Team. Er hat eine andere Rolle.

Anders heißt in diesem Zusammenhang weder besser noch schlechter. Wir würden gerne die Wertung herausnehmen. Diese Rolle ist mit Entscheidungskompetenz verbunden. Führung bedeutet, Verantwortung zu tragen. Nur weil man auf unterschiedlichen Hierarchieebenen ist, bedeutet es jedoch nicht, menschlich nicht auf Augenhöhe zu sein.

Beispiel

Götz Werner hat mit den Führungskräften und Mitarbeitern von *dm-drogerie märkte* die Rolle der Führungskräfte und Mitarbeiter neu definiert. Im Rahmen einer Lernreise durften wir uns einen Tag mit Vertretern von *dm-drogerie märkte* austauschen. Dieser Tag hat uns sehr geprägt. Ein Kerngedanke bei *dm-drogerie märkte* ist, dass Entscheidungen dort getroffen werden, wo sie auch umgesetzt werden. Wir fragten ganz naiv: „Das würde bedeuten, dass die Teams in den Filialen ihre Öffnungszeiten, die Preise, die angebotenen Produkte, die Standorte der Produkte im Laden und die Anzahl der Mitarbeiter selbst bestimmen dürfen?" Die Antwort war ganz einfach: „Ja." Die Logik dahinter ist einfach: In einer Zentrale kann man nicht mehr wissen, als die Kolleginnen und Kollegen vor Ort. In einem Ort mit 20.000 Einwohnern in der Oberpfalz schließen alle Läden um 18:00 Uhr. Daher wäre es nicht notwendig, wenn die Filiale als einzige bis 20:00 Uhr geöffnet hätte. Hingegen eine Filiale in Schwaben, die zwischen zwei Ortschaften neben einem großen Supermarkt und ein paar anderen Läden liegt, hat bis 22:00 Uhr geöffnet, weil dies dort üblich ist. Das kann nur sehr mühsam zentral ermittelt werden.

Man könnte denken, dass solche Entscheidungen durch Regionalleiter getroffen werden. Die Entscheidung wird jedoch in der Filiale getroffen. Die Aufgabe des Regionalleiters ist, den Wissensaustausch zu fördern, als Coach zu fungieren, Erfolgsgeschichten weiterzugeben und bei Lernerfahrungen zu unterstützen. Er hat zwar disziplinarische Macht, versucht jedoch, diese so wenig wie möglich einzusetzen.

Was wir zum Thema „Haltung" auch sehr gut fanden: Wir fragten, wie es mit den Lernerfahrungen aussehe. Wenn Entscheidungen getroffen werden, werden auch Fehler gemacht. Was passiert dann? Die Antwort: „Bei uns werden keine Fehler gemacht." Wir waren irritiert – dachten, dass wir auf den Arm genommen werden. „Fehler *machen,* ist etwas Aktives. Natürlich gibt es auch bei uns Fehler, aber sie werden nicht absichtlich gemacht, sondern sie passieren." Wenn jemand in einem U-Boot aktiv – also bewusst – einen Fehler macht, dann ist er ein Saboteur. Er bohrt ein Loch in die Außenwand. „Wie fühlen Sie sich, wenn Ihnen ein Fehler passiert?" Unsere Antwort: „Natürlich schlecht!?" Darauf die Vertreter von *dm-drogerie märkte:* „Warum? Wir fühlen uns gut. In dem Moment, in dem der Fehler passiert, merken wir es meistens noch nicht, sonst würden wir es doch anders machen. Wenn klar wird, dass ein Fehler passiert ist, dann fühlen wir uns auch schlecht."

Allein die Sensibilität bei der Wortwahl drückt viel von der Haltung der Führungskräfte aus. Wir waren uns beide nach diesem Tag einig, dass wir gerne für dieses Unternehmen arbeiten würden. Ich persönlich finde (ohne Werbung für *dm-drogerie märkte* machen zu wollen), die Atmosphäre in den dm-Filialen spiegelt das auch wider.

Wie verhält sich eine gute Führungskraft? Welche Haltung hat sie? Es wäre schön, wenn es darauf eine einfache Antwort gäbe. Wenn man einen Sternekoch fragt, wie man ein guter Koch wird, wird man mit einer kurzen Antwort wahrscheinlich nicht gleich in die haute cuisine aufsteigen. Führung ist Handwerk. Handwerk muss man erlernen und darin investieren. Julius Kuhl distanziert sich von „Einsatz-Weisheiten" (vgl. Kuhl [4]) à la *du musst an dich glauben*. Unser Ansatz lehnt sich an die transformationale Führung und an die dialogische Führung an.

Wir haben mit vielen Führungskräften gearbeitet, die gute Führungstrainings durchlaufen haben. Es ist ihnen dennoch meist schwer gefallen, das erlernte Wissen in der Praxis umzusetzen. Uns sind zwei Punkte aufgefallen:

1. Wenn die dahinterstehende Haltung nicht passt, nutzt das beste Handwerkszeug nichts.
2. Wenn die Kultur im Unternehmen es nicht zulässt, ist der Rückfall in alte Verhaltensmuster vorprogrammiert.

Unsere wichtigsten Punkte zur Haltung einer guten, wertschöpfenden Führungskraft sind:

- Ich nehme mir Zeit für Führung und wirklichen Dialog
- Ich tue alles für eine offene Kommunikationskultur
- Ich habe Vertrauen zu meinen Mitarbeitern
- Ich versuche jeden Tag mein Bestes, damit mir meine Mitarbeiter vertrauen
- Ich interessiere mich für meine Mitarbeiter und deren Bedürfnisse
- Ich bin achtsam und arbeite an meiner Reflexionsfähigkeit
- Ich will unterstützen, fördern und entwickeln
- Ich bin ein Mensch mit positiven Intentionen – und die anderen auch

Karl-Martin Dietz und Thomas Kracht haben als Berater den Kulturwandel von *dm-drogerie märkte* begleitet. Sie verwenden das Wort Milieu für die Arbeitsumwelt, die aus dem Führungsverhalten entsteht (vgl. Dietz und Kracht [5]). Wie fühlt sich das Milieu an, in dem sie arbeiten? Wie kaltes Wasser, wie Wind, der plötzliche Böen hat, oder ist es wie unter einer warmen Decke? Wie muss der Beitrag von Führungskräften aussehen, um ein Milieu zu schaffen, in dem Potenziale entfaltet werden, Mitarbeiter Lust haben, sich einzubringen, dauerhaft Leistung gebracht wird, um die Ziele zu erreichen, wirkliche Dialoge stattfinden?

3.3 Vertrauen ist die Basis!

„Ich kann dem einzelnen Menschen nicht wirklich vertrauen, wenn ich *dem Menschen* prinzipiell nichts zutraue – und umgekehrt" (Dietz und Kracht [5], S. 17). Die Basis ist eine positive Haltung den Menschen gegenüber. Daraus kann gegenseitiges Vertrauen entstehen und aufgebaut werden. Für Steven Covey gibt es unsichtbare Vertrauenskonten, auf die man einzahlt und Vertrauen aufbaut. Abhebungen finden durch Verhaltensweisen statt, die Vertrauen kaputt machen. Leider sind die Einzahlungen meist kleiner und Abhebungen kosten gleich viele Punkte auf dem Vertrauenskonto (vgl. Covey [6]). Covey beschreibt eine „Ökonomie des Vertrauens":

- Niedriges Vertrauen bedeutet sinkende Schnelligkeit und steigende Kosten
- Großes Vertrauen bedeutet hohe Schnelligkeit und niedrige Kosten

Um Vertrauen aufzubauen, braucht es Zeit, viel Transparenz, gegenseitiges Verstehen, aufeinander Eingehen und ein Bewusstsein, Gelegenheiten zu erkennen, in denen man Einzahlungen vornehmen kann.

---

13 Vertrauensregeln (nach Stephen S.M.R. Covey – leicht verändert):

1. Schenken Sie anderen gesundes Vertrauen
2. Seien Sie ehrlich
3. Zeigen Sie Respekt
4. Schaffen Sie Transparenz
5. Klären Sie die Erwartungen
6. Übernehmen Sie die Verantwortung
7. Seien Sie loyal
8. Liefern Sie Ergebnisse – keine Ausreden
9. Stellen Sie sich der Realität
10. Hören Sie zuerst zu – erst verstehen, dann verstanden werden!
11. Halten Sie Ihre Versprechen
12. Fehler: Entschuldigen Sie sich und machen Sie sie wieder gut
13. Verbessern Sie sich durch Feedback und Selbstreflexion permanent

Quelle: Covey [6]

Ein Beispiel aus unserer Arbeit kann etwas verdeutlichen, was hinter dem abstrakten Begriff steht: Der Leiter einer Logistikabteilung hörte immer wieder von Lieferanten, dass diese ihre Lkw nicht abladen konnten. Seine Mitarbeiter, die dafür zuständig sind, waren mit deren privaten Smartphones beschäftigt und nicht auffindbar. Er war sauer, dass so etwas passierte. Er sah, dass das Bild des Unternehmens gegenüber externen Dienstleistern nicht gut war und wollte etwas ändern. Seine Lösung lautete: Die private Nutzung von Smartphones wird generell untersagt. Diese Entscheidung kommunizierte er an die gesamte Abteilung per E-Mail.

Das Ergebnis aus seiner Sicht war zufriedenstellend. Er hörte nicht von einem einzigen weiteren Vorfall mit Smartphones. Der Schaden aus seiner Aktion blieb ihm erst einmal verborgen. Aus arbeitsrechtlicher Sicht war die Maßnahme in Ordnung. Der Betriebsrat hatte keine Handhabe. Es gab dennoch großen Aufruhr und viel Getratsche. Die Mitarbeiter, die ihr Smartphone nicht in schädigendem Maß nutzten und sich engagierten, gewannen den Eindruck, dass ihr Chef ihnen nicht vertraue. Er suggerierte ihnen, dass sie alle versuchen, sich um die Arbeit zu drücken, dass sie nicht engagiert seien. Die Maßnahme wurde als unfair wahrgenommen. Die Folge daraus war Demotivation. Das Commitment der Mitarbeiter zum Unternehmen sank. Die Dialogbereitschaft mit der Führungskraft nahm ab. Die Einsatzbereitschaft über das Normalmaß hinaus ging gegen Null. Die Kranken- und Fluktuationsquote stieg. Es entstand ein wirtschaftlicher Schaden für das Unternehmen.

Wir fragten uns, warum hat die Führungskraft im Vorfeld nicht mit den Mitarbeitern gesprochen? Weshalb hat er nicht offen gesagt, wie sich deren Verhalten aus seiner Sicht auswirkt? Wieso hat er seine Erwartungen nicht klar kommuniziert? Falls sich damit nicht bereits eine Änderung eingestellt hätte, stünden ihm immer noch disziplinarische Maßnahmen offen.

Mit Sicherheit gibt es in jeder Organisation „schwarze Schafe", die ihr Vertrauen ausnutzen werden. Kontrollmaßnahmen machen es diesen Personen schwerer, sich um die Arbeit zu drücken. Sie werden es aber nur mit sehr hohem Aufwand auf ein niedriges Level reduzieren. Je höher die Kontrollmaßnahmen, desto höher ist der Aufwand dafür. Gleichzeitig treffen diese Maßnahmen auch die engagierten Mitarbeiter und mindern deren Motivation und Effizienz. Mit einer Haltung von Vertrauen zu führen richtet den Fokus auf die Mitarbeiter, die das Unternehmen tragen und voranbringen. Lassen Sie nicht zu, dass die wenigen Ausnahmen Ihr Handeln leiten! In einer Vertrauenskultur wird der soziale Druck dafür sorgen, dass Ausnutzung nicht ohne Folgen bleibt.

3.4   Hin- und Zuhören

Jetzt denken Sie vielleicht: „Zuhören … ja, sicher wichtig, aber das ist simpel. Diesen Punkt kann ich überspringen." So oder so ähnlich haben wir das auch gesehen. Bitte gehen Sie bei diesem Kapitel tief in sich. Es wird sich lohnen! Henry Ford geht so weit, dass er sagt: „Das Geheimnis des Erfolges ist, den Standpunkt des anderen zu verstehen." Tendenziell sehen wir jedoch eher das Gegenteil. Je weiter oben jemand in der Hierarchie ist, desto weniger Zeit nimmt er sich, wirklich zuzuhören und die Gedanken seiner Mitarbeiter nachzuvollziehen. (Be)urteilen und daraus Handlungen abzuleiten findet schnell statt. Nachfragen und nachvollziehen, wie der Gesprächspartner denkt, sind eher die Ausnahmen.

Insgesamt ist es nicht verwunderlich. Im normalen Arbeitsalltag sind wir meist von Automatismen gelenkt. Unser Gehirn schaltet den „Autopiloten" ein. Man hört nur das, was man hören will. Die Fähigkeit zuzuhören wird eher verlernt als ausgeprägt. Sie muss immer wieder geübt und mobilisiert werden. Unternimmt man nichts dagegen, ist man als Vorstand also tendenziell ein schlechterer Zuhörer als ein Auszubildender im ersten Lehrjahr.

Eine große Ausnahme haben wir bei unserer Lernreise zu *dm-drogerie märkte* gesehen. Der Dialog mit einem Geschäftsführer, einer Regionalleiterin und Mitarbeitern aus der Weiterbildungsabteilung hat mehr als fünf Stunden gedauert. Sie waren ganz gelassen, konzentriert und haben das Reflektieren durch unsere Fragen wertgeschätzt. Für uns war es eine außergewöhnliche Atmosphäre und großartige Entwicklungsmöglichkeit.

Wirkliches Zuhören hat mehrere Effekte:

- Den Standpunkt des Gesprächspartners verstehen – und höchstwahrscheinlich auch erkennen, dass er (selbst bei einem Fehler) eine positive Intention hat
- Den Gesprächspartner wertschätzen und Respekt zeigen; es ist sehr demütigend, aus einem Gespräch zu gehen, sich falsch verstanden zu fühlen und nicht die Chance zu haben, dies aufzuklären
- Missverständnissen vorbeugen (wodurch im Nachhinein viel Zeit gespart wird)
- Augenhöhe leben; ist der Mitarbeiter zum Zuhörer degradiert, wird er auch keine Verantwortung übernehmen
- Bedürfnisse befriedigen; gute Zuhörer schaffen es, ohne Worte viele positive Gefühle zu erzeugen (siehe Kap. 4)
- Eine offene Gesprächskultur etablieren; wenn Sie als Chef nicht zuhören, werden auch Ihre Führungskräfte sich nicht die Zeit nehmen, dies zu tun

- Achtsamkeit verbessern; gelingt es mir als Zuhörer wirklich, den Gedanken meines Gegenübers zu erfassen, oder bin ich bereits damit beschäftigt, einen Einwurf in das Gespräch einzubringen?

Beispiel

Zu einem Konzept für ein Mentorenprogramm hatte ich einen Vorstellungstermin mit meinem Auftraggeber. Es ging um die Auftaktveranstaltung bzw. wie man in kurzer Zeit eine Beziehung zwischen Mentees und Mentoren aufbaut. Ich schlug vor, die Mittagspause der Veranstaltung zu nutzen, und die Mentee-Mentoren-Tandems jeweils zusammen kochen zu lassen. Die Infrastruktur der Location war perfekt dafür und sogar ein Koch zur Unterstützung vor Ort. Soweit bin ich in meiner Erklärung jedoch überhaupt nicht gekommen. Der Auftraggeber hatte eine Abneigung gegen Kochevents und sagte sofort zu mir: „Wenn Sie mir eine Studie liefern, die belegt, dass Karotten schnipseln teambildend ist, machen wir das… Ansonsten können Sie das vergessen." Bevor ich dazu gekommen bin, die Vor- und Nachteile aufzuzeigen, war das Thema bereits gestorben. Abgesehen davon, dass ich selbst nicht der größte Fan von solchen Events bin, war der verbale Plattschuss sehr frustrierend. Meine Motivation, einen neuen Vorschlag zu entwickeln, war mit den Karotten im Mülleimer gelandet. Dabei war nicht die Ablehnung des Vorschlags das Problem, sondern das Gefühl, nicht verstanden oder überhaupt angehört zu werden.

Otto Scharmer (vgl. Scharmer [7]) beschreibt in seiner Theorie U unterschiedliche Arten der Kommunikation (siehe Abb. 3.1).

Aus unserer Erfahrung interpretieren wir Otto Scharmer so:

Auf der ersten Ebene *Downloading* spricht eine Person und die Übrigen hören (mehr oder weniger) zu. Es wird das gesagt, was sowieso jeder weiß. Es entsteht nichts wirklich Neues.

Vielleicht kennen Sie diese Art von Meetings – Besprechungen. Einer bespricht die anderen. Sie werden besprochen wie ein Tonträger. Wahrscheinlich bleibt aber bei Menschen weniger hängen.

Ebene zwei *Debate* ist immer noch mit wenig Zuhören verbunden. Jeder formuliert zwar seine Gedanken, versucht die anderen von seiner Meinung zu überzeugen, aber es bemüht sich niemand so richtig, die anderen zu verstehen. Während einer redet, überlegen die anderen bereits, was sie entgegnen und versuchen ihn zu unterbrechen. Es ist eher ein Ringen um Redeanteile als ein konstruktiver Austausch. Am Rande: Wer geht üblicherweise als Gewinner hervor? Was wird am Ende umgesetzt? Die beste Idee? Oder setzt sich der Vorschlag des Mächtigsten durch?

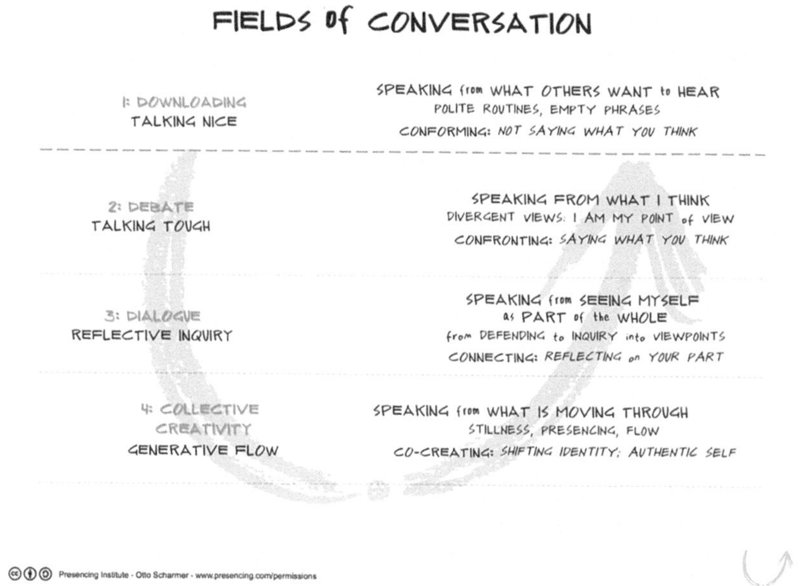

FIELDS of CONVERSATION

1: DOWNLOADING TALKING NICE	SPEAKING from WHAT OTHERS WANT to HEAR POLITE ROUTINES, EMPTY PHRASES CONFORMING: NOT SAYING WHAT YOU THINK
2: DEBATE TALKING TOUGH	SPEAKING FROM WHAT I THINK DIVERGENT VIEWS: I AM MY POINT of VIEW CONFRONTING: SAYING WHAT YOU THINK
3: DIALOGUE REFLECTIVE INQUIRY	SPEAKING from SEEING MYSELF as PART of the WHOLE from DEFENDING to INQUIRY into VIEWPOINTS CONNECTING: REFLECTING on YOUR PART
4: COLLECTIVE CREATIVITY GENERATIVE FLOW	SPEAKING from WHAT IS MOVING THROUGH STILLNESS, PRESENCING, FLOW CO-CREATING: SHIFTING IDENTITY; AUTHENTIC SELF

Presencing Institute - Otto Scharmer - www.presencing.com/permissions

Abb. 3.1 Kommunikationsebenen nach Otto Scharmer. (Quelle: Scharmer [8])

Auf der dritten Ebene *Dialogue* werden erstmals Fragen gestellt. Die Beteiligten stellen ihre Gedanken vor und versuchen, andere Meinungen zu verstehen. Es wird hinterfragt, es herrscht die Grundannahme, dass alle Gesprächspartner eine gemeinsame Lösung erzielen möchten. Das gemeinsame Ziel ist klar, nur der Weg dorthin muss noch gefunden werden. Es gibt keine „Hidden Agenda" oder Eitelkeiten. Es geht um die Sache. Es können Gefühle angesprochen werden, ohne dass es als Schwäche ausgelegt wird. Eine Haltung von Offenheit bestimmt das Gespräch.

Die tiefste Ebene *Collective Creativity* geht noch ein Stück weiter als *Dialogue*. Etwas Neues entsteht. Durch das Zusammentreffen von offenen Menschen, die sich respektvoll, wertschätzend begegnen, wird Energie frei. Die Gedanken fließen. Jeder bringt sich nach seinen Fähigkeiten bestmöglich ein. Die Freude an der Zusammenarbeit ist spürbar. Alle ziehen am selben Strang.

Auf welchen Ebenen befinden sie sich meistens? Uns hat es sehr geholfen, am Ende des Tages zu reflektieren, auf welchen Ebenen wir kommuniziert haben. Leider mussten wir feststellen, den größten Anteil bei *Debate* zu haben. *Dialogue* erreichten wir viel seltener und nur sehr selten *Collective Creativity*.

Tab. 3.1 Arbeitsblatt zur Reflexion der eigenen Kommunikation. (Eigene Darstellung)

Kommunikationsebene	Tag 1	Tag 2	Tag 3	Tag 4	Tag 5	Tag 6
Downloading *(Anteil in %)*						
Debate *(Anteil in %)*						
Dialouge *(Anteil in %)*						
Collective Creativity *(Anteil in %)*						

Das Journaling – also Aufschreiben am Tagesende (siehe Tab. 3.1) – erhöht auch die Achtsamkeit über den Tag hinweg. Bei Debatten konnten wir stoppen und feststellen, dass wir so nicht weiterkommen. Wir erklärten den Gesprächspartnern kurz das Modell von Otto Scharmer und stellten die Frage in den Raum, wie wir zu einem wirklichen Dialog kommen könnten. Meist hilft dieser kurze Blick von der Metaebene bereits, die Art der Kommunikation zu verändern.

Mittelfristig hat sich allein durch das Reflektieren der Ebenen bereits eine Veränderung unseres Kommunikationsverhaltens ergeben.

Wir haben uns oft gefragt, wie wir zu Beginn von Veränderungsprozessen mehr Verständnis erzielen können. Sowohl wir mussten verstehen und analysieren, wo Veränderungs- und Verbesserungspotenziale liegen als auch die Führungskräfte. Dazu haben wir die Methode *Listening Table* entwickelt. Bei der Konzeptentwicklung dachten wir noch nicht, welch starke Wirkung der *Listening Table* hat. Selbst die Führungskräfte, die dachten, ein gutes Bild ihrer Abteilung zu haben, waren überrascht.

Die Methode selbst ist sehr einfach. Der Abteilungsleiter lädt 10–15 (freiwillige) Mitarbeiter zu einem moderierten Gespräch ein. Die Zwischenebenen wie Teamleiter oder Gruppenleiter bleiben außen vor. Im Gespräch werden von der Führungskraft ausschließlich Fragen gestellt. Jeder seiner Sätze endet mit einem Fragezeichen, und es gibt seinerseits keine Rechtfertigungen oder Kommentare. Sie hört einfach zu und stellt tiefer gehende Fragen. Die Eingangsfragen sind äußerst simpel gehalten:

- Was läuft im Moment gut?
- Was könnte besser laufen?

- Wenn Sie die derzeitige Situation auf einer Skala von 1–10 (1 = sehr schlecht; 10 = sehr gut) bewerten, welche Zahl geben Sie? Die Mitarbeiter machen dabei die Augen zu, sodass sie bei ihrer Entscheidung nicht von den anderen beeinflusst werden.
- Auf die vorausgehende Frage bezogen: Weshalb haben Sie die Zahl ausgewählt? Und was müsste sich verändern, damit die Zahl 2–3 Punkte höher ist?

Wir haben die *Listening Tables* mittlerweile mit über 400 Teilnehmern durchgeführt. Das Feedback der Mitarbeiter reicht von „toll, uns wird endlich zugehört", über „unser Chef interessiert sich wirklich für uns und unsere Anliegen" bis hin zu „es wird sich ja doch nichts ändern". In der letzten Rückmeldung liegt das Risiko der Maßnahme. Wenn danach alles bleibt, wie es ist – also kein wirklicher Veränderungswille der Führung vorhanden ist – sollte man lieber auf die Durchführung verzichten.

Die Rückmeldungen der Führungskräfte waren ebenfalls erstaunlich. Fast jeder hat uns gesagt, dass viele Antworten der Mitarbeiter überraschend waren bzw. dass sie sich schon viel früher die Zeit für ein Hineinhören hätten nehmen sollen.

Eine genaue Beschreibung des *Listening Tables* finden Sie in Kap. 5.

Natürlich kosten Sie der *Listening Table* und andere Kommunikationsmaßnahmen Zeit. Regelmäßige Einzelgespräche mit den direkten Mitarbeitern, Abteilungsmeetings, Teambuildings o. ä. machen in diesem Führungsverständnis einen großen Anteil der zur Verfügung stehenden Arbeitszeit aus. Eine Führungskraft sagte zu mir: „Wie stellen Sie sich das vor? Jedes Jahr soll ich mit jedem meiner direkten Mitarbeiter ein Jahresgespräch führen. Das kann doch niemand leisten! Ich habe 12 Mitarbeiter. Das wären 12 Mal eine Stunde. [Pause] Unmöglich!" Eher sind es pro Mitarbeiter wohl zwei Stunden mit vernünftiger Vor- und Nachbereitung des Gesprächs! Ein Halbjahresgespräch ist wahrscheinlich auch sinnvoller, um abzugleichen, inwiefern die gesteckten Ziele erreichbar sind bzw. sich verändert haben.

Aus unserer Sicht ist die Frage nicht, „wieviel Zeit kosten Gespräche" (in welcher Form auch immer), sondern „wieviel Zeit und Ressourcen kostet es, zu wenige Gespräche zu führen". Die oben zitierte Führungskraft spart sich zwar erst mal Zeit, die sie sonst mit Gesprächen verbracht hätte, aber die Auswirkungen sind:

- Keine Klarheit bei Zielen, Verantwortung und Aufgaben der Mitarbeiter
- Keine reservierte Gesprächszeit (Mitarbeiter kommen sich als Störung der Arbeit des Vorgesetzten vor)

- Mangelnder Informationsfluss und Intransparenz
- Anstieg von Flurgesprächen und vermehrter Austausch in der „Gerüchteküche"
- Viele Interpretationen von kurzen Aussagen der Führungskraft
- Anhäufung von Missverständnissen und Themenverfehlungen bei der Bearbeitung von Arbeitsaufträgen
- Demotivation durch unnötig verrichtete Arbeit
- Kosten für längere Bearbeitungszeiten, Fehlarbeiten, Abstimmungsschwierigkeiten
- Schlechtere Arbeitsergebnisse/Qualität
- Keine Wertschätzung des einzelnen Menschen und dessen Bedürfnisse

Auch eine an Genialität grenzende Führungskraft kann die negativen Auswirkungen mangelnder Kommunikation (und der daraus resultierenden Zeitersparnis) nicht durch die eigene Arbeitsleistung ausgleichen. Investiert eine Führungskraft nicht in wöchentliche oder zumindest in 14-tägige Einzelgespräche mit den direkten Mitarbeitern und in regelmäßige Abteilungsmeetings, so muss man folglich von geschäftsschädigendem Verhalten ausgehen. Positiv formuliert: Die Führungskräfte, die Zeit in Gespräche investieren, haben am Ende mehr Zeit und wirken ausgeglichener, weil sie nicht ständig gegen die selbst gelegten Brände ankämpfen müssen.

Es gibt keine Ausrede dafür, keine Zeit für Gespräche zu haben. Außer: Ich bin eine schlechte Führungskraft.

Edgar H. Schein hat eine Sammlung an Fragen zusammengestellt, mit der man sehr gut arbeiten kann. Bei der Anwendung der Fragen ist eine wertschätzende Art entscheidend. Die Haltung hinter den Fragen ist wichtiger als die Fragetechnik. Sofern kein wirkliches Interesse am Menschen und an den Antworten zu den Fragen besteht, sind Gespräche sinnlos.

Sie können sich selbst leicht prüfen: Würden Sie genauso mit Ihrem Vorgesetzten (oder einer anderen Respektsperson) sprechen, wie Sie mit Ihrem Mitarbeiter sprechen? Falls ja, sind Sie wahrscheinlich auf dem richtigen Weg.

Auch wenn Sie denken, Sie kennen Ihren Mitarbeiter gut bzw. kennen die Themenstellung im Detail; fragen Sie nach! Nehmen Sie jede Woche eine Frageart, und wenden Sie diese in persönlichen Gesprächen an! Reflektieren Sie anschließend kurz über die Situationen, inwiefern ein wirkliches Vertrauensverhältnis zwischen Ihnen und dem Mitarbeiter besteht!

Dialogorientierte Fragen nach Edgar Schein – Schein [9]

Interessensfragen

- „Was genau ist das Problem …?"
- „Erzählen Sie mir mehr darüber …"
- „Was geht da vor …?"
- „Können Sie mir dafür ein Beispiel geben?"
- „Können Sie mir ein paar Einzelheiten schildern?"
- „Fällt Ihnen sonst noch etwas dazu ein?"

Diagnostische Fragen

- „Welche Reaktionen hat das bei Ihnen ausgelöst?"
- „Wie haben Sie emotional darauf reagiert?"
- „Warum haben Sie Ihrer Meinung nach dieses Problem? Und warum gerade jetzt?"
- „Was und warum haben Sie (oder ein oder mehrere andere) etwas Bestimmtes unternommen?"
- „Was haben Sie bis jetzt ausprobiert?"
- „Was werden Sie als nächstes tun?"
- „Wie reagieren die Kollegen darauf?"
- „Wie reagieren die anderen Mitglieder der Gruppe, wenn Sie das Gefühl X zeigen?"
- „Wie fühlen Sie sich, wenn Sie an diesen bestimmten Vorschlag denken?"
- „Glauben Sie, dass diese Idee bei Ihrer Gruppe ankommen wird?"

Konfrontative Fragen

„Sind Sie wütend geworden?" (Im Hinblick auf ein Schlüsselereignis, das der Klient erzählt hat. Man beachte, dass diese Frage konfrontativer ist als die Frage: „Wie haben Sie sich dabei gefühlt?", denn möglicherweise ist der Klient gar nicht auf die Idee gekommen, dass Wut zu seinen Optionen zählte.)

„Haben Sie ihn (sie, die anderen) zur Rede gestellt?"

„Könnten Sie das Folgende tun …?" (gefolgt von einem konkreten Vorschlag)

„Sind Sie schon mal auf den Gedanken gekommen, dass er (sie) das gemacht hat, weil er (sie) Angst hatte?"

Prozessorientierte Fragen

„Was passiert Ihrer Meinung nach gerade zwischen uns?"

„Wie ist Ihrer Meinung nach das Gespräch bis jetzt im
Wesentlichen gelaufen?"
„Haben Sie das Gefühl, dass Ihre Probleme ausreichend
angesprochen wurden?"
„Kommen wir weiter?" „Helfen Ihnen meine Fragen?"

3.5   Mitarbeiter und Führungskräfte passen zum Unternehmen

Selbst hervorragend qualifizierte Mitarbeiter und Führungskräfte bringen wenig
Leistung, wenn sie nicht zur Organisation passen. Besteht kein Bezug zur Unter-
nehmensmission, ist die eigene Agenda des Mitarbeiters (z. B. Karriere, Geld,
Anerkennung etc.) die treibende Kraft seines Handelns. Kann ich mich mit dem
Sinn des Unternehmens und dessen Werten identifizieren, setze ich meine Energie
dafür ein.

Kann man bei der Einstellung neuer Mitarbeiter bereits erkennen, ob sie zur
Kultur der Organisation passen? Aus unserer Sicht ist das schwierig. Vorstel-
lungsgespräche sind immer Ausnahmesituationen. Es herrschen Anspannung und
Nervosität vor – oft auf beiden Seiten. Es gibt eine kaum überschaubare Anzahl
an Tests und Verfahren, um die Kandidaten zu bewerten. Auf dieses Feld möchten
wir hier nicht eingehen. Für uns ist ein voraus gehender Schritt wichtiger. Je mehr
Klarheit Sie darüber haben, was für Sie und die Organisation wichtig ist, desto
besser können Sie entscheiden, worauf Sie bei der Auswahl achten müssen.

Die Unterscheidung von Niels Pfläging (vgl. Pfläging [10]) in Theorie X und
Y stellt anschaulich das System von „command-and-control" (beruht auf Theorie
X) der wertschöpfenden Führung (beruht auf Theorie Y) gegenüber.

Die Grundannahmen der Theorie Y sind die Voraussetzung für wertschöpfende
Führung (siehe Abb. 3.2). Sie sind die Voraussetzung, damit wertschöpfende Führung in der Organisation gelebt werden kann.

Haben Sie, Ihre Führungskräfte und Ihre Mitarbeiter dieselbe Vorstellung zur
Unternehmensmission, den Werten und zur Haltung von Zusammenarbeit und
Führung, so erkennen Sie schnell die Einstellung Ihrer neu rekrutierten Mitarbei-
ter.

Verlassen Sie sich dabei auch auf die Meinung Ihres Teams! Beziehen Sie das
Team in die Auswahl der neuen Kollegen ein! Sie müssen ebenso mit der Neube-
setzung leben wie Sie.

Leider ist es hart, aber es ist auch nur fair, sich in der Probezeit konsequent
voneinander zu trennen, wenn das Zusammenfinden nicht funktioniert. Mögen

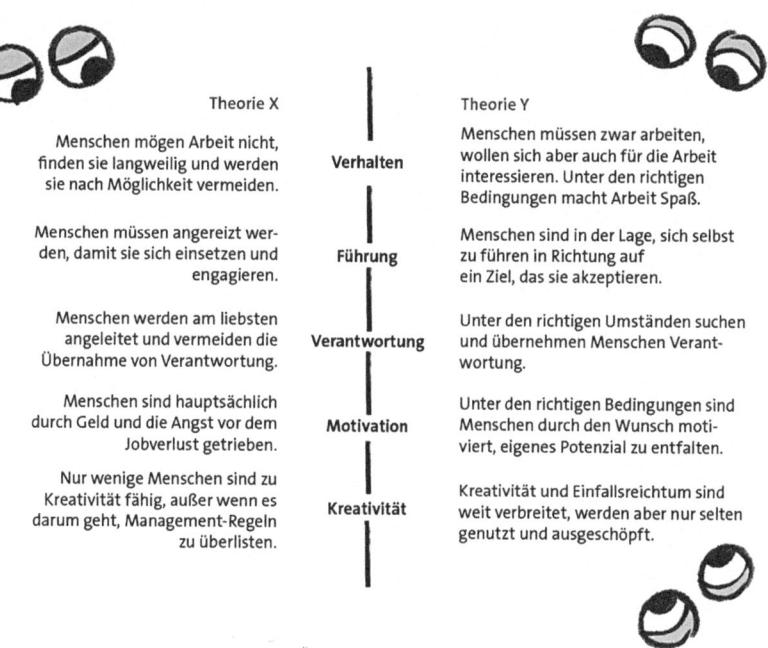

Abb. 3.2 Theorie X vs. Theorie Y nach Niels Pfläging. (Quelle: Pfläging [10])

die Arbeitsergebnisse gut sein, so sind dennoch die Folgekosten bei einem fehlenden Anschluss an die Kultur deutlich höher als eine zügige Trennung.

Dasselbe gilt auch für langjährige Kollegen und vor allem Führungskräfte, die im Veränderungsprozess zu wertschöpfender Führung keinerlei Offenheit zeigen. Versuchen Sie alles, um sie zu integrieren! Nehmen Sie deren Bedenken auf und ernst – aber trennen Sie sich von Saboteuren!

Literatur

1. Brennike, A. (2014). Das Peter Prinzip – Ansichten eines Profs. www.laborjournal.de/rubric/archiv/domfac/ansicht/brennicke86.pdf. Zugegriffen: 01. Juli 2016.
2. Goethe, J. W. (2000). *Faust I: Der Tragödie erster Teil von Goethe*. Stuttgart: Reclam.
3. Meissonnier, M. (2014). *Film: Mein wunderbarer Arbeitsplatz*. Frankreich: Lux Fugit Films & RTBF.
4. Kuhl, J. (2012). *Interview: Wie Führungskräfte motivieren können; von Spreitzhofer, Hemma*. Salzburg: Komunariko.

5. Dietz, K. M., & Kracht, T. (2002). *Dialogische Führung: Grundlagen – Praxis – Fallbeispiel dm-drogerie-markt*. Frankfurt a. M.: Campus.
6. Covey, S. (2009). *Schnelligkeit durch Vertrauen – Die unterschätzte ökonomische Macht*. Offenbach: GABAL.
7. Scharmer, O. (2014). *Theorie U: Von der Zukunft her führen: Presencing als soziale Technik*. Heidelberg: Carl-Auer.
8. Scharmer, O. (2015). Presencing Institute; Creative Commons Lizenz. www.presencing.com/permissions; http://www.mmo.nl/en/theory-u/. Zugegriffen: 01. Juli 2016.
9. Schein, E. H. (2010). *Prozess und Philosophie des Helfens*. köln: EHP.
10. Pfläging, N. (2014). *Organisation für Komplexität: Wie Arbeit wieder lebendig wird – und Höchstleistung entsteht* (2. Aufl.). München: Redline.

Voraussetzungen für wertschöpfende Zusammenarbeit

4

Zusammenfassung

- Zufriedenheit bei der Arbeit entsteht durch
  - eine Kultur, die von Respekt und Wertschätzung geprägt ist. Wertschätzung ist mehr als Lob. Einen Menschen wertzuschätzen bedeutet, ihn als Menschen mit seinen Bedürfnissen zu erkennen.
  - Sinnhaftigkeit der Unternehmensmission und durch Möglichkeiten, wertschöpfend für die Mission zu arbeiten – also durch Sinnhaftigkeit der eigenen Tätigkeit.
  - Wirksamkeit und Erfolg.
- Bedürfnisse erkennen: Wenn die Bedürfnisse meines Gegenüber klar sind, kann Erwartung und Wirklichkeit in Einklang gehalten werden. Sobald Erwartung und Wirklichkeit differieren, kommen Unzufriedenheit, Enttäuschung und Demotivation auf.
- Hinter unserem Verhalten verbergen sich individuelle Motive und Bedürfnisse. Sie stehen sich in polaren Verhältnissen gegenüber. Die Motive bestimmen, was Menschen antreibt. Eine Führungskraft, die die Bedürfnisse ihrer Mitarbeiter erkennt, kann sich wertschätzend verhalten. Sie kann in einem tiefen Maß auf jeden einzelnen Menschen eingehen, und es entwickelt sich Resonanz.
- Toxische Felder sind demotivierende, kränkende und leistungsmindernde Arbeitsumgebungen. Eine respektvolle und wertschätzende Haltung ist die Grundvoraussetzung zur Vermeidung toxischer Felder. Um dauerhaft Spitzenleistung zu entfalten, ein Klima für Innovationsbereitschaft zu schaffen und intrinsische Motivation zu entwickeln, muss ein nährendes Feld geschaffen werden. Nährende Felder entstehen aus der Haltung (und dem daraus resultierenden Verhalten) der vorausgegangenen Kapitel.

© Springer Fachmedien Wiesbaden GmbH 2017
C. Schlachte und S. Lobodda, *Führung und Wertschöpfung*,
DOI 10.1007/978-3-658-15654-1_4

4.1   Zufriedenheit und Happynessforschung

Zu Beginn unserer Arbeit haben wir uns sehr an die theoretische Vorgehensweise der Organisationsentwicklung gehalten. In der Analysephase machten wir Fokusinterviews, Mitarbeiterbefragungen, Datenanalysen etc. Daraus ergaben sich unsere Themenfelder, an denen wir arbeiteten. Leider haben wir irgendwann festgestellt, dass hinter den harten Fakten meist irgendetwas anderes steht.

Ein etwas überspitztes Beispiel verdeutlicht dies: Im Unternehmen gab es eine Kantine. Das Unternehmen ist in den letzten Jahren stark gewachsen und hat viele neue Mitarbeiter eingestellt. Somit ist die Kantine viel zu klein geworden. Die Arbeitszeit war unflexibel, sodass um 12.00 Uhr alle Mitarbeiter Pause hatten. Wenn man noch einen Platz an einem Tisch bekam, war es dort eng, dämpfig und das Essen nicht sonderlich gut. Als erstes wurde die Arbeitszeit flexibilisiert, wodurch sich die Pausenzeiten etwas entzerrten. Ein neues Verwaltungsgebäude wurde gebaut und auch gleich eine neue, große, schöne Kantine eröffnet. Dennoch beschwerten sich die Mitarbeiter weiterhin über das Essen. Es sei nicht lecker, zu ungesund und wenig abwechslungsreich. Der Kantinenbetreiber wurde gewechselt und eine Salatbar eingerichtet. Die Beschwerden wurden jedoch nicht weniger.

Man hatte das Gefühl, dass die ersten Punkte auf der unendlich langen Problemliste gelöst wurden und sogleich die nachfolgenden Probleme an oberste Stelle mit derselben Priorität rutschen. Wahrscheinlich hätte man eine Überdachung von den anderen Gebäuden bauen müssen, damit niemand im Regen zur Kantine laufen muss, und es hätte dennoch nicht zu Zufriedenheit geführt. Die Erkenntnis war: Wir müssen herausfinden, was das Problem hinter dem Problem ist.

Warum entsteht eine Kultur des Nörgelns? Die positiven Punkte sind irrelevant, es wird ausschließlich auf die Defizite geschaut. In unserem Beispiel haben selbst Gewerkschaftsvertreter gesagt, dass sie die Defizitorientierung nicht verstünden. Kaum ein Unternehmen biete solch gute Rahmenbedingungen.

Wir haben unseren Fokus also mehr daraufgelegt, wie Zufriedenheit entsteht.

So what leads to employee happiness? A workplace characterized by humanity. An organizational culture characterized by forgiveness, kindness, trust, respect, and inspiration. Hundreds of studies conducted by pioneers of positive organizational psychology, including Jane Dutton and Kim Cameron at the University of Michigan and Adam Grant at the University of Pennsylvania, demonstrate that a culture characterized by a positive work culture leads to improved employee loyalty, engagement, performance, creativity, and productivity (siehe Seppälä [1]).

Es geht also um eine Kultur der Menschlichkeit und Wertschätzung. Was bedeutet Wertschätzung? Man verbindet damit leicht Begriffe wie Lob und gezeigte Anerkennung. Also ganz ausdrückliche Zeichen der Wertschätzung.

Wenn wir von Wertschätzung sprechen, geht die Bedeutung jedoch viel tiefer. Eine Vertrauens- und Wertschätzungs-Kultur in Organisationen bedeutet, dass sich die Mitarbeiter als Menschen gesehen erleben (und nicht nur als Rädchen im Getriebe). Es bedeutet, dass respektvoll miteinander umgegangen wird. Nur, wenn ihre psychischen Grundbedürfnisse respektiert und befriedigt werden, entsteht Vertrauen, Loyalität, Engagement und Begeisterung. Ein Unternehmen irrt, wenn es glaubt, allein mit dem gezahlten Lohn könne es die Potenziale seiner Mitarbeiter heben und Höchstleistungen und Innovation bekommen.

Wertschätzung wird als Konzept in manchen Organisationen häufig so verstanden, dass alles und jeder wertgeschätzt werden muss und keine konstruktive Kritik denk- und machbar ist.

Wenn eine Organisation eine Unternehmensmission und dabei klare Prinzipien der Zusammenarbeit verfolgt, dann sind Handlungsabweichungen wertschätzend, klar und direkt zur Sprache zu bringen. So entsteht einmal die Chance, konstruktives Feedback zu üben und möglicherweise eine unbeabsichtigte Handlung wertschätzend zu betrachten und zu korrigieren. Wir sind alle Menschen, und unter Druck und Stress entstehen Fehler.

Liegt allerdings eine Absicht vor, und es handelt sich um einen Konflikt, der einen Widerspruch zu den eigenen Werten, Zielen und Spielregeln darstellt, dann sollte die Sinnhaftigkeit der weiteren Zusammenarbeit klar gesprochen werden.

Praxis-Beispiel: Eine fachlich brillante Führungskraft, die wiederholt Mitarbeiter kontrolliert und überwacht, ohne dass es dazu einen belastbaren Grund gibt und die sich auf die arbeitsscheue Natur der Mitarbeiter beruft, ergibt in einer Organisation, die Mitarbeitern mehr Selbstverantwortung und Gestaltungsspielräume überträgt, keinen Sinn. Dieser Führungskraft muss in einer wertschätzenden Form mitgeteilt werden, inwiefern ihr Verhalten unerwünscht ist. Ändert sich das Verhalten nicht, kann man sich in einer respektvollen und fairen Art voneinander trennen.

Um wirklich motivierte und engagierte Mitarbeiter zu haben, müssen diese eine Sinnhaftigkeit in ihrer Tätigkeit erkennen. Darüber hinaus sollten sie sehen, dass sie in ihrer Tätigkeit erfolgreich sind. D. h., sie müssen sich a) mit der Unternehmensmission identifizieren können und b) sehen, dass sie einen Beitrag dazu leisten.

Jeden Tag Steine von X nach Y zu tragen, um sie am nächsten Tag zurück zu bringen, ist sicher nicht befriedigend. Selbst, wenn man sehr gut im Steine tragen ist, wird die Bedeutungslosigkeit des eigenen Handelns frustrierend sein. Sinn und Wirksamkeit müssen vorhanden sein!

Was können Sie und Ihre Mitarbeiter einmal ihren Enkelkindern erzählen? Die Antwort ist wahrscheinlich nicht: „Wir konnten die Umsatzrendite durchschnittlich um 4 % pro Jahr steigern." Fast immer gibt es eine gute Story, einen wirklichen Mehrwert, den die Organisation bietet. Oftmals tritt er nur durch den Druck, Geld zu verdienen, in den Hintergrund. Wenn die Mission wieder im Vordergrund steht und jedem Mitarbeiter bewusst ist, was sein Beitrag dazu ist, sind die Voraussetzungen für hohe Einsatzbereitschaft geschaffen.

▶   Praxistipp:

- Erforschen Sie, wie es um das Thema Wertschätzung in Ihrer Organisation aussieht! Bitten Sie Mitarbeiter, Ihnen eine ehrliche Rückmeldung zur Situation im Unternehmen zu geben. Machen Sie eine anonyme Mitarbeiterbefragung! Sprechen Sie den Betriebsrat darauf an!
- Diskutieren Sie mit Ihren direkten Mitarbeitern den Begriff Wertschätzung! Und: Definieren Sie ihn für Ihre Organisation (inklusive Kommunikation an alle Mitarbeiter)!
- Finden Sie heraus, weshalb Ihre Mitarbeiter bei Ihnen sind! Ist es lediglich, um Geld zu verdienen? Was treibt sie an, in Ihrem Unternehmen zu arbeiten? (Bitte beantworten Sie sich diese Fragen nicht selbst, auch wenn Sie denken, die Antwort zu kennen! Gehen Sie auf Entdeckungsreise in Ihrem eigenen Unternehmen!)

4.2   Erwartung und Wirklichkeit

Einfach nur Geld zu bezahlen, reicht nicht aus, um motivierte Mitarbeiter zu haben. Die nicht abreißende Debatte über die Generation Y (Geburtsjahrgänge ab ca. 1980 bis in die 1990er) zeigt deutlich, wie sich die Erwartungshaltung verändert hat. Die Personalabteilungen werden aufgerufen, sich auf die Kultur dieser Generation einzustellen und die Organisationen für sie attraktiv zu gestalten. Die Generation Y bzw. das, was ihr unterstellt wird, ist ein extremes Beispiel für das Differieren von Erwartungen und der Wirklichkeit.

Enttäuschung der Generation Y nach Urban [2]

Lucy gehört zur Generation Y. Und sie ist der Überzeugung, Mittelpunkt einer ganz besonderen Geschichte zu sein. […]Lucy findet es eigentlich ziemlich gut, Lucy zu sein. Es gibt nur ein Problem: Irgendwie ist sie unzufrieden. Warum? Glück lässt sich in eine eigentlich ziemlich simple Formel packen:

Glück = Realität − Erwartungen

Das ist ziemlich einfach: Wenn es besser kommt, als man erwartet hat, ist man glücklich. Wenn es schlechter kommt als erwartet, ist man unglücklich.

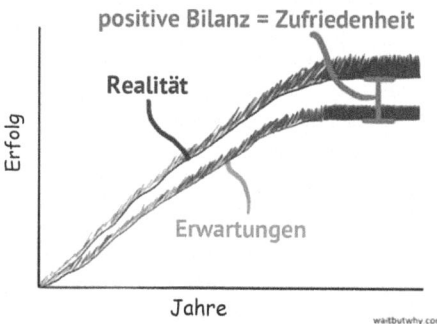

Um Lucy in ihrer Unzufriedenheit zu verstehen, müssen wir uns auch ihre Eltern ansehen: Lucies Eltern sind in den 50er-Jahren geboren. Sie gehören zur Generation der „Baby Boomer". Ihre Eltern wiederum, Lucies Großeltern, wuchsen während der Wirtschaftskrise auf und erlebten den Zweiten Weltkrieg. Knallharte Zeiten, eine Ära der Depression. Und es gibt keine Generation, die sich stärker von Lucies unzufriedener [Generation Y]-Sippe unterscheidet, als diese Großeltern-Generation. Das wichtigste für Lucies schicksalsgebeutelten Großeltern war finanzielle Sicherheit. Ihren Kindern predigten sie, praktische, sichere Lebenswege einzuschlagen. Sie wollten, dass es ihren Kindern besser ginge als ihnen selbst. Sie sollten keine Dürreperioden erleben. Ihr Leben, so stellten sie es sich vor, sollte einer grünen Wiese gleichen.

Lucies Eltern erfuhren, dass ihrer blühenden Zukunft nichts im Weg steht, wenn sie nur hart genug arbeiten. […]

Nachdem sie mit ihrer unerträglichen Hippie-Phase durch waren, kümmerten sich Lucies Eltern also um ihre Karriere. Und siehe da – die 70er, 80er und 90er-Jahre brachten einen großen wirtschaftlichen Wohlstand mit sich. Lucies Eltern erreichten mehr, als sie erwartet hatten und so waren sie zufrieden und optimistisch. Ihre Erfahrung, dass es besser kommt, als man glaubt, gaben

Lucies Eltern an Lucy weiter. Babyboomer rund um die Welt erklärten ihren Kindern, dass sie werden können, was sie nur wollen und dass ihnen alle Möglichkeiten offen stehen. Die Babyboomer-Kinder wuchsen auf mit der Überzeugung, Mittelpunkt einer ganz besonderen Geschichte zu sein.

So entstand bei [der Generation Y] eine entsetzliche Erwartungshaltung. Oder anders gesagt: Ihr Gras sollte nicht nur satt und grün sein, wie das ihrer Eltern. [Sie] wollen eine Blumenwiese!

Das führt zum ersten Merkmal der GYPSYs [GenY Protagonists & Special Yuppies]:

Sie sind unfassbar anspruchsvoll.

Ein GYPSY will viel mehr von seinem Beruf als bloß Sicherheit und Wohlstand. Während die Baby-Boomer bestenfalls den amerikanischen Standardtraum leben wollten, möchten GYPSYs ihren eigenen, großartigen, ganz persönlichen Traum leben.

Es kommt noch etwas hinzu: Lucies Eltern impften ihrer Tochter die Überzeugung ein, etwas ganz, ganz besonderes zu sein.

Damit entsteht ein zweites GYPSY-Merkmal:

GYPSYs sind Traumtänzer.

„Jeder findet einen Beruf, der ihn erfüllt, aber ICH bin eben außergewöhnlich wunderbar und MEINE Karriere und MEIN Lebensweg werden neben all den anderen herausragend sein." So denken die GYPSYs.

Lucy sieht ihre Karriere als ein glitzerndes Einhorn, das über eine Blumenwiese springt.

Das Problem ist: Alle GYPSYs denken von sich, etwas ganz, ganz Besonderes zu sein – was sich nicht besonders gut mit der Definition von „besonders" verträgt.

„be-son-ders: außerordentlich, speziell, absonderlich."

Die meisten Menschen sind eben nichts Besonderes, sonst würde der Begriff seine Bedeutung verlieren.

Aber selbst jetzt, wenn ein GYPSY das liest, wird er denken: „Schon richtig … Aber ich bin eben einer der wenigen, die wirklich etwas Besonderes sind." Und genau das ist das Problem.

Sein Traumtänzer-Dasein endet allerdings abrupt, wenn der GYPSY in der Arbeitswelt ankommt. Lucies Eltern rechneten damit, dass jahrelange harte Arbeit zu einer erfolgreichen Karriere führen würde. Auch Lucy hält es für selbstverständlich, irre erfolgreich zu werden, es ist nur eine Frage der Zeit. […]

Aber leider ist die Welt eben doch nicht so einfach und das Berufsleben kann ziemlich hart sein. Große Karrieren kosten viele Nerven, Schweiß und Tränen – das gilt selbst für jene, die keinen springenden Einhörnern auf einer Blumenwiese gleichen. Und selbst sehr erfolgreiche Menschen haben als

Mitte-20-Jährige meistens noch nichts Super-Außergewöhnliches geschafft.
Aber GYPSYs wollen das nicht so einfach akzeptieren. […]

Lucies extremer Ehrgeiz, ihre hohen Erwartungen, gekoppelt mit der Arroganz, die aus dem übersteigerten Selbstwertgefühl entsteht, verblassen angesichts der Negativ-Bilanz, die sich zwischen den beiden Kurven von „Wirklichkeit" und „Erwartungen" auftut.

Aber es kommt noch schlimmer. GYPSYs haben nämlich NOCH ein weiteres Problem:

Die Bilder der anderen.

Während Lucies Eltern noch vor sich hinarbeiteten und nur hin und wieder hörten, wie sich so die anderen Kinder der Freunde ihrer Eltern dabei anstellten, erfolgreicher als die Vorgängergeneration zu sein, wird Lucy von einem relativ jungen Phänomen verfolgt: Den gepimpten Facebook-Bildern.

Ihre Facebook-Timeline hält Lucy eine Welt vor Augen, die a) das Leben all ihrer Bekannten sichtbar macht, b) von denen viele eine polierte Version ihrer Wirklichkeit präsentieren und c) die vor allem diejenigen zeigt, deren Beziehungen und Karrieren wirklich vorzüglich laufen, während andere, die sich frustriert vergeblich abrackern, unsichtbar bleiben.

Bei Lucy hinterlässt das ein Gefühl, ungenügend zu sein, während sie glaubt, dass bei den anderen alles rundläuft.

Wenn Erwartung und Realität auseinanderdriften, ist natürlich nicht ausschließlich die Generation Y unzufrieden. Es passiert bereits mit den Leitbildern der Unternehmen. Die Leitbilder sind größtenteils sehr ähnlich:

- Wir kommunizieren offen und konstruktiv.
- Wir gehen respektvoll miteinander um.
- Wir fördern/entwickeln unsere Mitarbeiter bestmöglich weiter.
- Wir sehen Probleme als Chance.
- Wir führen mit transparenten Zielen.
- Wir kümmern uns um die Gesundheit unserer Mitarbeiter.
- Wir sind ein familienfreundliches Unternehmen.
- usw.

Die Idee dieser Leitbilder, ein gutes Klima der Zusammenarbeit zu schaffen, ist gut. Sie schaffen aber auch eine klare Erwartungshaltung. Werden diese Leitsätze nicht gelebt, so ist die Enttäuschung umso größer.

Gerade, wenn Probleme auftauchen und nach Schuldigen gesucht wird, statt „das Problem als Chance zu sehen", wird ein tiefer Graben zwischen Realität und Erwartung aufgetan.

Sicher liegt es nicht in Ihrer Macht, alle Erwartungen Ihrer Mitarbeiter zu beeinflussen. Wie das Beispiel der Generation Y zeigt, wird es ohne Ihr Zutun bereits Unzufriedenheit geben. Kommen dazu noch Erwartungen, die das Unternehmen schürt und nicht befriedigen kann, wird es problematisch. Je häufiger Erwartungen geweckt und nicht zur Realität wurden, desto weniger Vertrauen haben die Mitarbeiter in die Organisation. Die Auswirkungen von Vertrauensverlust haben wir bereits kennengelernt!

▶   Praxistipp:

1. Diskutieren Sie Ihr Leitbild mit Ihren Führungskräften! Stellen Sie folgende Frage: Welches konkrete Verhalten würde unser Leitbild konterkarieren? Gehen sie dabei jeden Satz des Leitbilds einzeln durch und notieren Sie die Ergebnisse. Zum Beispiel:
Satz aus dem Leitbild: *Wir sind ein familienfreundliches Unternehmen.*
Konterkarierendes Verhalten: *Was müssten wir tun, damit wir nicht familienfreundlich sind?*
   • Mitarbeiter nach Arbeitsende, am Wochenende oder im Urlaub anrufen
   • Erwartung von ständiger Erreichbarkeit per E-Mail
   • Teilzeitmitarbeiter sind unerwünscht
   • Elternzeit für Väter wird als negativ gesehen
   • Keine flexiblen Arbeitszeitmodelle
Anschließend bewerten Sie gemeinsam, wie häufig die genannten Verhaltensweisen in Realität vorkommen.
Sie werden schnell merken, wo Sie eine Erwartungshaltung erzeugen, und diese gleichzeitig nicht erfüllen können.
2. Sprechen Sie das Thema mit Ihren direkten Mitarbeitern einzeln an: „Ich möchte Sie als zufriedenen Mitarbeiter noch lange im Unternehmen halten. Mir ist wichtig, dass Ihre Erwartungen und die Wirklichkeit, so gut es geht, übereinstimmen. Haben Sie Erwartungen an mich (oder das Unternehmen), die ich bisher enttäuscht habe? Welche Erwartungen haben Sie (an mich und/oder das Unternehmen)?"
Versuchen Sie, Klarheit darüber zu bekommen, welche Erwartungen vorherrschen, welche Sie erfüllen können und wollen! Es ist nicht das Ziel der Übung, jeder Erwartung nachzukommen. Sie sollten aber Ihren Mitarbeitern nachvollziehbar erklären, weshalb Sie manchen Erwartungen nicht entsprechen werden. Sofern die Mitarbeiter dies verstehen, ist die Chance auf weniger Unzufriedenheit groß.

4.3   Motive

Beispiel

Ein älterer Herr sitzt auf einer Parkbank. Die Sonne scheint – er hat einen Hut auf und er liest Zeitung. Alles ist friedlich. Nach ein paar Minuten tauchen zwei Jungs auf. Sie haben Lust, etwas anzustellen. Am Weg finden sie kleine Steine, die sie aufsammeln. Mit den Steinchen bewerfen sie den Mann mit dem Hut. Sie treffen ihn auf der Zeitung, am Mantel und auf der Hose. Es tut ihm zwar nicht weh, aber stört ihn. Er ruft die beiden zu sich.

Die beiden Jungs haben Anstand und gehen zu ihm. Sie denken, dass es jetzt Ärger gibt – aber der Mann sagt zu ihnen: „Für jeden Stein, mit dem ihr mich trefft, bekommt ihr 50 Cent." Die beiden sind erst erstaunt und werfen dann weiter. Nach ein paar weiteren Minuten holt er sie wieder zu sich und gibt ihnen das Geld. Die Jungs freuen sich. Sie können kaum glauben, was gerade passiert ist.

Am nächsten Tag sitzt der Mann wieder mit seiner Zeitung im Park. Und wieder kommen die Jungs vorbei und bewerfen ihn mit Steinchen. Nach ein paar Minuten ruft er sie wieder und sagt: „Heute waren es 12 Steine. Aber ihr bekommt nur noch 30 Cent pro Stein." Zwar ist es weniger Geld als beim ersten Mal, aber die Jungs freuen sich wieder.

Tag 3 – Sie können es wahrscheinlich schon ahnen: Wieder sitzt der Mann auf der Bank und wieder kommen die Jungs zum Steine werfen. Der Mann holt sie wieder her: „Heute waren es 14 Steine. Aber ihr bekommt kein Geld mehr." Nach einem kurzen Moment der Verwunderung sagen die Jungs: „Alter, wenn du uns kein Geld gibst, dann bewerfen wir dich auch nicht mehr mit Steinen!"

Die kleine Geschichte zeigt sehr schön, wie intrinsische Motivation durch extrinsische Faktoren gemindert wird. Die Absicht im Beispiel war zwar nicht schön, doch hatten die zwei Jungs Freude an dem, was sie gemacht haben. Durch den monetären Einfluss hat die Freude am Tun an Wert verloren.

Warum tun wir, was wir tun? Woher kommt unser Antrieb, unsere Motivation, etwas zu leisten? Weshalb bringen wir Energie auf, um ein Ziel zu erreichen?

Evelin Kroschel hat in ihrem Buch *Die Weisheit des Erfolgs* (Kroschel [3]) wunderbar beschrieben, welche psychologischen Prozesse hinter unseren Handlungen stehen. Für mich selbst war es äußerst erhellend, zu verstehen, weshalb ich am Morgen aufstehe, zur Arbeit gehe und meine Aufgaben erledige. Jeden Menschen treibt eine Kraft an, einen bestimmten Job zu verrichten, Hobbys nachzugehen, Sport zu treiben, sich mit Freunden zu treffen usw. Diese Kraft kann unterschiedliche Antreiber haben (siehe Abb. 4.1). Das Motivrad zeigt Bedürfnisse, die Verhalten auslösen. Ein hohes Bedürfnis nach *Neuheit/Veränderung* sorgt bei mir selbst dafür, dass ich bei längerer Wiederholung von Tätigkeiten die Lust verliere. Hingegen beflügelt mich die Arbeit in Projekten, da immer wieder neue Herausforderungen entstehen, die ich bewältigen muss.

Die Bedürfnisse jedes Menschen sind unterschiedlich ausgeprägt. Manche sind stärker ausgeprägt, andere nur schwach. Das Verhalten daraus ergibt sich in dem Versuch, diese Bedürfnisse zu befriedigen. Ich habe einen Bekannten, der ein hohes Bedürfnis nach *Anerkennung* hat. Er fährt so oft wie möglich zu exotischen Reisezielen, macht Bilder von diesen Orten und veröffentlicht sie in den

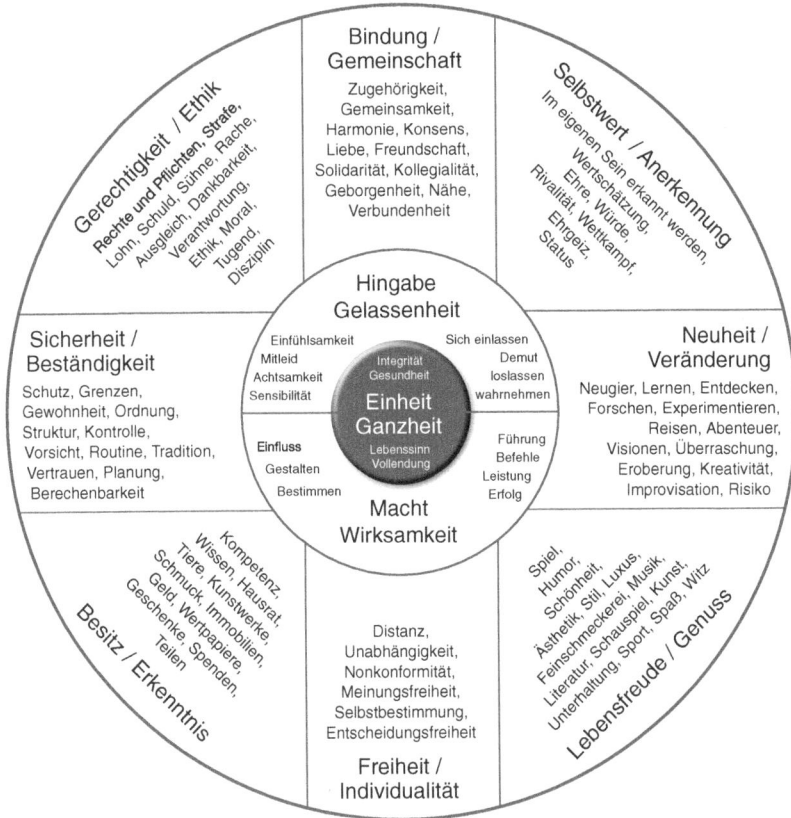

Abb. 4.1 Motivrad. (Quelle: Kroschel [3])

sozialen Medien. Egal, wie gut es ihm gefallen hat, würde er nie noch einmal an denselben Ort reisen. Er erklärte mir, ihm sei es wichtiger als der Urlaub selbst, dafür bewundert zu werden, wo er war. Wenn er noch einmal hinfahren würde, bliebe die Anerkennung seiner Freunde und Bekannten fast völlig aus. Für mich ist das eines der deutlichsten Beispiele aus meinem Umfeld, wie die Befriedigung unserer Bedürfnisse unser Verhalten leitet.

Ein sehr schönes Beispiel aus der Werbung ist die „glückliche Rama-Familie": In der Fernsehwerbung war eine Familie zu sehen, die an einem schönen Sommertag im Garten frühstückt. Die Kinder spielen ausgelassen, der Tisch ist gedeckt, der Mann und die Frau gehen sehr freundlich miteinander um, der Garten ist gepflegt und das Haus ist schön. Man bekommt sofort den Eindruck, dass man die perfekte Familie vor sich hat. Der Brotaufstrich, um den es eigentlich geht, spielt so gut wie keine Rolle. Aus meiner Sicht zielt der Spot auf das Bedürfnis nach *Bindung/Gemeinschaft* ab. Unbewusst verankert sich: Kaufe Rama, und du hast eine glückliche Familie! Rational ergibt das sicher wenig Sinn. Ist aber das Bedürfnis nach *Bindung/Gemeinschaft* groß, so wird meine Psyche unbewusst jede Chance nutzen, um es zu befriedigen. Die Marke aus der Werbung ist dann positiv besetzt und beeinflusst meine Kaufentscheidung.

Die Anordnung der Grundbedürfnisse ist nicht zufällig gewählt. Jedes Bedürfnis steht in einem polaren Verhältnis zu seinem Gegenüber. Sie stehen also in Verbindung zueinander. Als Beispiel kann ich von mir selbst sagen, dass ich mit eher wenig *Sicherheit/Beständigkeit* bereits zufrieden bin. Bei Problemstellungen in Workshops mit schwierigen Team hat stets die Neugier auf die Menschen überwogen als die Angst, scheitern zu können. Hätte ich jedoch keinen Rückhalt von meinem Chef gehabt oder wären Fehler hart bestraft worden, so hätte ich wahrscheinlich keine neuen Workshop-Methoden eingesetzt. Ich hätte eher das gemacht, was ich bereits gut kann, aber nicht unbedingt das passendste Tool angewendet, um das Problem zu lösen.

Das Motivrad im Zusammenhang mit Führung:

a) Kenne ich meine eigenen Antreiber, so wird unbewusstes Verhalten eher zu bewusstem Verhalten.

b) Kenne ich die Antreiber meiner Mitarbeiter, kann ich deren Verhalten besser nachvollziehen.

c) Kenne ich die Bedürfnisse meiner Mitarbeiter, kann ihnen das geben, was sie brauchen, um zufrieden zu sein und sich gerne zu engagieren. Ich kann sie passend wertschätzen und eine tiefe Beziehung etablieren.

▶   Praxistipp:

- Anhand von Werbung kann man das Motivrad gut einüben. Versuchen Sie zu erkennen, auf welches Bedürfnis die Werbung abzielt! Sie werden schnell merken, dass es nach einiger Zeit immer leichter fällt. (Falls es dennoch nicht gelingt, kann es sein, dass die jeweilige Werbung nicht klar auf ein Bedürfnis abzielt.)
- Reflexion: Versuchen Sie, sich jeden Tag fünf Minuten Zeit zu nehmen, und gehen Sie den Tag durch. Fragen Sie sich an Hand des Motivrads, was Sie heute angetrieben hat! Beispielfrage: Welches Bedürfnis habe ich befriedigt, als ich die E-Mail mit den Projektergebnissen an die Vorstände geschickt habe.
- Finden Sie bei Ihren Mitarbeitern heraus, welche Antreiber ausgeprägt sind! Stellen Sie Hypothesen auf, und beobachten Sie!

1. Nährende und toxische Felder

Sind unsere Bedürfnisse befriedigt, bedeutet das *psychische Nahrung* (vgl. Kroschel [3]). Unsere Umgebung wird zu einem *nährenden Feld*. Hier sind Beispiele, an denen man nährende Felder erkennt:

- Ich fühle mich sicher und geborgen.
- Ich fühle mich wertgeschätzt und anerkannt.
- Ich kann vertrauen.
- Ich kann Einfluss nehmen.
- Ich habe Entscheidungsfreiheit.
- Ich bin fasziniert und begeistert.
- Ich habe Erfolg.

Das bedeutet: Meine psychische Energie wächst und ich fühle mich vital und voller Kraft. Ich empfinde Lebens- und Arbeitsfreude. Ich bin hoch motiviert.

Werden die Bedürfnisse hingegen frustriert, dann entsteht ein so genanntes *toxisches Feld*. Ein toxisches Feld erkennen Sie an folgenden Gefühlen:

- Ich fühle mich ausgegrenzt oder im Stich gelassen.
- Ich fühle mich klein und minderwertig.
- Ich fühle mich unsicher, habe Angst und/oder bin eingeschüchtert.
- Ich bin misstrauisch oder resigniert.
- Ich fühle mich ohnmächtig.
- Ich fühle mich kritisiert.

- Ich fühle mich überfordert.
- Ich fühle mich in meinem Tatendrang blockiert.
- Ich fühle mich verkannt und/oder falsch beurteilt.

Das bedeutet: Meine psychische Energie wird weniger und ich fühle mich kraftlos und belastet, demotiviert, niedergeschlagen oder krank.

Diese negativen Gefühle sind begleitet von ganz bestimmten körperlichen und psychischen Prozessen, die im betroffenen Menschen ablaufen:

Auf der körperlichen Ebene sind das die bekannten Parameter des Stress-Phänomens: Also starke Ausschüttung von Stresshormonen, Anstieg des Blutzuckerspiegels, Anstieg von Puls und Blutdruck, Verstärkung der Muskelspannung, Verminderung der Verdauungstätigkeit usw. Das ist der Grund, warum psychischer Stress immer auch körperliche Erkrankungen jeglicher Art hervorrufen kann.

Auf der psychischen Ebene entstehen vier Energien (siehe Abb. 4.2), die einen automatischen Verlauf nehmen, wenn sie nicht bewusst mental gestoppt werden:

Exemplarisch möchten wir anhand von Aggression darstellen, welche Auswirkungen Kränkungen haben.

Eine Kränkung ist nicht nur eine Verletzung, sie ist auch ein Raub. Es ist ein Raub am bestehenden Befriedigungszustand der Primärbedürfnisse.

Dieser Raub, der bei einer Kränkung immer passiert, ist ein Angriff. Auf einen Angriff reagiert unser Gehirn nach alter Flucht-oder-Kampf-Manier mit einer Aktivierung unseres Aggressionspotenzials. Die entstandene Aggression hat nun drei Richtungen, in die sie fließt. Dabei ist es individuell unterschiedlich, welche der Richtungen besonders bevorzugt wird – betroffen sind immer alle drei.

Abb. 4.2 Dynamik von Frustration und Kränkung. (Eigene Darstellung)

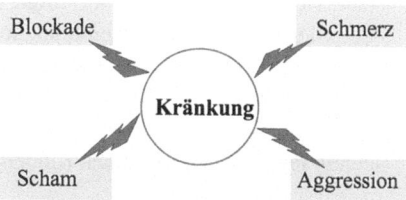

1. Rache gegen den Kränker

Eine mögliche Form der Aggression gegen den Kränker ist das direkte Zurückschlagen. Sie passiert relativ selten. Gerade im Berufsleben ist es meist nicht möglich, direkt mit Gegenaggression zu reagieren.

Dann geht die aggressive Energie unweigerlich in die Rache. Diese beginnt damit, dass der Kränker innerlich abgewertet wird: „Diese dumme Tussi …" oder „ …so ein Idiot" oder „Ich habe immer schon gewusst, dass X ein blöder Hund ist" usw.

Diese innere Abwertung reicht natürlich nicht. Nun werden Verbündete in der Abwertung gesucht, indem man ein Abwertungsfeld um den Kränker herum schafft. Man geht zum nächsten Kollegen, Freund oder Familienangehörigen und zieht über den Kränker her. Dabei will man natürlich nichts Positives hören und kommunizieren, es werden nur Negativerlebnisse und Bewertungen gesammelt und kommuniziert.

Das genügt meist auch noch nicht. Die Rache geht weiter, wenn der Kränker später etwas von einem möchte. Es kommt nun darauf an, in welcher Beziehung man zueinander steht. Ist der Kränker hierarchisch höher oder auf anderer Weise stärker, dann wird natürlich nicht offen verweigert. Da gibt es vielfältige Wege, wie man verhindern kann, dass er das bekommt, was er möchte: Seine Wünsche oder Anforderungen werden geschickt ignoriert, boykottiert, falsch verstanden, als nicht durchführbar dargestellt, verlaufen im Sand oder werden in Überaktivität bzw. blindem Aktionismus verfälscht und erstickt.

Wir haben viele Coachings durchgeführt. Dabei konnten wir die Racheaktivitäten der Mitarbeiter aller Ebenen gut studieren. Da wird missverstanden, vergessen, ein Aktionismus entwickelt, der zu nichts führt, blockierende Konflikte produziert, Nebenkriegsschauplätze eröffnet, lähmende Gerüchte in die Welt gesetzt, Machtkämpfe ausgetragen, Intrigen gesponnen, usw.

Kann die Rache nicht direkt ausgetragen werden, werden andere Wege gefunden, es dem Kränker heim zu zahlen.

2. Verschobene Rache an Unbeteiligten

Ein Teil der aggressiven Energie, die bei Kränkungen und Frustrationen entsteht, richtet sich gegen Unbeteiligte und hierbei immer gegen Schwächere oder Gleichstarke – nie gegen Stärkere oder hierarchisch Höhere. „Nach oben buckeln, nach unten treten", ist ein altbekanntes Phänomen, das dabei entsteht.

Wer kennt das nicht, dass er z. B. in einer beruflichen Situation frustriert worden ist und dafür zu Hause muffig oder ungeduldig oder streitsüchtig mit seinem Partner oder mit seinen Kindern umgeht?

Ein Phänomen dieses Prozesses ist, dass die entstandenen Rachebedürfnisse zum einen nicht auf das Lebensfeld beschränkt bleiben, in dem sie entstanden sind, und zum anderen, dass sie über lange Zeit hinweg gespeichert bleiben, wenn sich aktuell keine Möglichkeit der Vergeltung bietet. Dann sind die Rachemotive „schlafende Hunde", die erst bei gegebenem Anreiz erwachen.

Einen solchen Auslösereiz bieten regelmäßig Schwächere und Ohnmächtigere, die wie ein Spiegel die eigene einstige Ohnmacht reflektieren. Stärkere oder hierarchisch Höhere werden selten Opfer von verschobener Rache. Ob es in Organisationen, Familien oder Partnerschaften ist, die (bewusste oder unbewusste) Rache für frühere Kränkungen bestimmen einen Großteil des Geschehens.

3. Aggression gegen sich selbst

Neben den beiden Richtungen – gegen den Kränker und gegen Unbeteiligte – nimmt die aggressive Energie immer auch noch einen dritten Weg: Die aggressiven Energien (als archaische Stressreaktion für Flucht oder Kampf mobilisierend) richten sich gegen das eigene Selbst. Dazu kommt es, weil Gehirnstrukturen wie der Hypothalamus, die Amygdala und die Hypophyse die Frustration von psychischen Grundbedürfnissen (wie z. B. mangelnde Wertschätzung) als negativen Stress bewerten und spezielle Reaktionen ankurbeln: Botenstoffe werden ausgeschüttet, und es wird derjenige Nerv aktiviert, der den Körper auf Kampf und Flucht einstellt – der Sympathikus. Stresshormone überfluten den Körper: Der Puls nimmt zu, die Gefäße im Körper verengen sich, der Blutdruck steigt. Die Entzündungsstoffe nehmen zu und die Gerinnungsneigung des Blutes erhöht sich. Die Verdauungstätigkeit wird eingestellt, die Muskeln verspannen sich usw.

Die Auswirkungen sind unterschiedlichster Art und können je nach individueller Disposition alles hervorrufen – von Herzinfarkt, Migräne, Bandscheibenvorfall, Magengeschwür bis Depressionen, Leistungsstörungen, chronischen Erschöpfungszuständen und Unfällen.

Das heißt, Frustrationen und Kränkungen sind Gift. Sie unterminieren Vertrauen, verhindern Begeisterung und Engagement und erzeugen stattdessen Rachedynamiken, Demotivation, Kreativitätsblockaden und Krankheit.

Für eine wertschätzende Kultur – ganz gleich ob in einer Organisation oder in einer Familie – ist es also vor allem wichtig, eine Sensibilität für nährende und toxische Felder zu entwickeln und sich der Dynamik von Kränkungen und Frustrationen bewusst zu sein.

Kränkungen und Frustrationen lassen sich selbstverständlich nicht vermeiden, wenn Entscheidungen getroffen werden müssen, die für andere eine Frustration oder Kränkung bedeuten. Doch eine kränkende bzw. frustrierende Kommunikation lässt sich vermeiden, wie z. B. Unhöflichkeiten, Unfreundlichkeiten, ausgrenzendes, unfaires, rüdes, ungeduldiges oder intrigantes Kommunikationsverhalten. Als Faustregel, ob man selbst ein kränkendes Verhalten an den Tag legt, kann die Frage gelten: Würde ich so auch zum Chef meines Chefs oder zu einer mir wichtigen Person sprechen? Nur wenn man sich das mit ja beantworten kann, ist die Kommunikation wahrscheinlich kränkungsfrei.

▶   Praxistipp:

- Als Geschäftsführer und Leistungsträger stehen Sie mit Ihrem Tun und Nicht-Tun immer im Mittelpunkt der Aufmerksamkeit. Stellen Sie eine Liste mit Kränkungen der letzten Wochen zusammen! Wen haben Sie wie gekränkt?
  Gehen Sie anschließend auf die Personen zu und sprechen Sie mit ihnen kurz darüber. Es wird etwas Überwindung kosten, aber Sie werden viel positive Resonanz bekommen.
  Was glauben Sie, wird es für Auswirkungen auf die Zusammenarbeit in Ihrer Organisation haben, wenn Sie in Ihrer Rolle Mitarbeiter um Verständnis bitten, eigene Unvollkommenheiten eingestehen?

2. Resonanz

Entfremdungsthese von Hartmut Rosa:

Überall da, wo Menschen in Organisationen arbeiten, die keine klare und lebendige Unternehmens-Mission mit der Intention Nutzen für Kunden und Gesellschaft erschaffen, steigt die Chance auf Entfremdung. Wird dort auch nach „command-and-control" mit großem Fokus auf Effizienz gearbeitet, dann steigen die Chancen erheblich. Es fehlt die positive Identifikation mit den Unternehmenszielen und -Kultur. Nicht die viele Arbeit, wohl aber die Arbeitsverhältnisse führen dann tendenziell zu Burn-out-Erkrankungen:

Die Hinweise darauf, dass Burn-out entsteht, wenn bei der Arbeit „nichts zurückkommt", wenn es keine „Resonanzen" mehr gibt, sind überwältigend: Burn-out tritt auf, wenn Erfolge nicht mehr wahrgenommen oder gefeiert werden, sondern nur als Zwischenschritte in einer endlosen Kette erscheinen, wenn Anerkennung versagt wird (Gratifikationskrise), wenn genuine persönliche Beziehungen und Interaktionen auf der Strecke bleiben oder instrumentalisiert werden, wenn die Arbeitsschritte nicht mehr intrinsisch motiviert sind, die Lust an der Arbeit als sinnerfüllte Tätigkeit verschwindet. Kurz: Burn-out ist die Folge eines Verstummens der „Resonanzachsen" am Arbeitsplatz (ebenso wie der Verlust des Arbeitsplatzes auch nicht nur materielle Einbußen, sondern ganz gravierend auch den Verlust von Resonanzräumen verursacht). Psychologen beobachten, dass Burn-out-Patienten sehr häufig durch zwei Dinge gekennzeichnet sind:

1) Durch den Verlust intensiver, bedeutungsvoller, „resonanter" Sozialbeziehungen (die sie nicht selten der Karriere geopfert haben) und

2) durch einen wachsenden Zynismus sich und der Welt gegenüber: Weder in der Kunst noch in der Natur, noch in der Arbeit oder der Familie (oder der Religion) verfügen sie noch über Resonanzräume – die Welt wird ihnen fremd, stumm äußerlich. Entfremdung von Arbeit und Familie, Räumen und Dingen, vom eigenen Körper und Selbst aber sind die Folge von Steigerungszwängen, weil Resonanzbeziehungen stabilitätsbedürftig und zeitintensiv sind (Quelle: Rosa [4]).

▶ **Praxistipp: Resonanz-Review** Arbeit so unsere These, sollte die Lebensqualität steigern. Nicht, dass alle Tätigkeiten zufrieden machen. Sicher gibt es im Alltag immer wieder Tage und Aufgaben, die nicht so gefallen. Es geht um die Summe der Erfahrungen in der Arbeit. Sie sollten positiv sein und im Großen und Ganzen Spaß bereiten und vor allem sinnvoll sein. Positive Resonanzerfahrungen sollten überwiegen. Nicht nur wegen unserer Gesundheit.

Klar ist sicher auch, dass eine leistungsfähige Organisation (siehe Kap. 1 über Firms of Endearment) viel Raum für positive Resonanzerfahrungen haben und pflegen muss. Nur dann kann gut mit den blauen und roten Domänen, d. h. mit Komplexität und Innovation umgegangen werden. Führung für Wertschöpfung hat auch positive Resonanzerfahrungen auf dem Schirm.

Nehmen Sie sich ein Wochenende und gehen Sie gedanklich die Erfahrungen der letzten Wochen durch:

In welchen Tätigkeiten im Berufsalltag erleben Sie konkret Sinn?

Wo haben Sie das Gefühl, dass Sie Dinge voranbringen, die Ihnen wichtig sind?

Wo helfen Sie mit, dass Ihre Mitarbeiter Dinge im Sinne der Unternehmensmission voranbringen (mehr Gestaltungsraum, mehr Handlungskompetenzen entwickeln)?

Wann und wie drücken Sie Ihren Mitarbeitern gegenüber Wertschätzung aus?

Wer hat Ihnen gegenüber direkt und indirekt Anerkennung und Wertschätzung entgegengebracht?

Wie sehr unterstützt Ihre Unternehmensmission und die Art der Führung die Chancen, dass Sie persönlich, Ihre Mitarbeiter und andere Stakeholder positive Resonanzerfahrungen machen können?

Literatur

1. Seppälä, E. (2016). What the best CEOs on earth do better. *Psychology Today*. https://www.psychologytoday.com/blog/feeling-it/201604/what-the-best-ceos-earth-do-better.
2. Urban, T. (2014). Warum die Generation Y so unglücklich ist. *Die Welt*. http://www.welt.de/icon/article133276638/Warum-die-Generation-Y-so-ungluecklich-ist.html.
3. Kroschel, E. (1996). *Die Weisheit des Erfolgs. Von der Kunst, mit natürlicher Autorität zu führen*. München: Kösel.
4. Rosa, H. (2016). *Resonanz. Eine Soziologie der Weltbeziehung*. Berlin: Suhrkamp.

Instrumente und Methoden für mehr wertschöpfende Führung

Zusammenfassung

Wir gehen davon aus dass Sie die Idee haben, zusammen mit Ihren Führungskräften und Mitarbeitern wertschöpfender für Ihre Unternehmensmission zu arbeiten.

Sie haben Ihr Geschäftsmodell und die Schnittstellenanalyse gemacht (Kap. 2). Sie kommen aus einem traditionellen Führungsverständnis und wollen nun, dass mehr Verantwortung übernommen sowie Handlungskompetenzen erweitert werden, um allen Stakeholdern einen guten Nutzen zu bieten und um innovativ zu sein. Hier finden Sie Tools und Modelle, die wir kennen gelernt haben, um mehr Dialogfähigkeit und Resonanz in der Organisation zu erzeugen.

Im Alltag geht viel durch Routinetätigkeiten und Alltagsstress unter. Die folgenden Instrumente schafften Räume für gemeinsames Spüren, Denken, Dialog und Weiterentwicklung aller Beteiligten.

Change-Architektur: Die Entwicklung einer guten Change-Architektur ist entscheidend für die Einführung von wertschöpfender Führung. Unsere Basis bildet die Theorie U von Otto Scharmer mit Elementen aus Design Thinking sowie John Cotters Change-Ansätzen. Um die Organisation auf Ziele und Werte auszurichten und wertschöpfende Führung zu etablieren, sollte ein Projekt aufgesetzt werden. Nähern Sie sich iterativ dem Ziel an! Die eingesetzten Methoden können je nach Anforderung an die Organisation ausgewählt und eingesetzt werden.

Exemplarische Methoden und Instrumente aus unserer Praxis:

Listening Table In einer offenen, angstfreien Gesprächsrunde werden durch den „Chef-Chef" Fragen gestellt. Das Team erläutert (ohne vorwurfsvollen Charakter) wie aus deren Sicht die Zusammenarbeit v. a. mit dem direkten Vorgesetzten funktioniert. Die Führungskraft der Führungskraft kann deren Sicht besser verstehen und in seine eigene Führung integrieren.

© Springer Fachmedien Wiesbaden GmbH 2017
C. Schlachte und S. Lobodda, *Führung und Wertschöpfung*,
DOI 10.1007/978-3-658-15654-1_5

Mitarbeiterbefragung Eine methodisch sauber durchgeführte Befragung bringt sowohl Erkenntnisse zum Istzustand der Organisation als auch eine Sensibilisierung zum Handlungsbedarf (sofern dieser vorhanden ist). Befragungen haben nur positive Wirkung, wenn eine anschließende Aufarbeitung erfolgt. Passiert zeitnah nichts, hat man einen starken Demotivator geschaffen und verspielt Vertrauen. Informationen zu sammeln und die Meinung der Mitarbeiter zu kennen sind wichtig – aber auch ein transparenter Umgang mit den Erkenntnissen.

Managerbrief Die Mitarbeiter schreiben einen Brief an die Führungskraft. Es soll klar werden, wie aus deren Sicht die Verantwortung, Ziele und Aufgaben aussehen, und wie sie diese erreichen möchten. Der Brief dient als Grundlage für den Dialog zwischen Mitarbeiter und Führungskraft.

Die Vergangenheit abschließen Wenn Sie etwas Neues anfangen möchten, haben die Geschehnisse der Vergangenheit immer Einfluss darauf. Es reicht nicht, zu sagen, es würde ein Schlussstrich gezogen. Wir müssen die Themen in einer respektvollen Atmosphäre unverblümt auf den Tisch bringen und abschließen. Erst dann kann wirklich ein Veränderungsprozess in Gang kommen und tragfähig sein.

Management Shoes Das Team „schlüpft in die Schuhe" des Managers und spiegelt zurück, wie sie an dessen Stelle agieren würden. Als Führungskraft bekommen sie Vorschläge, wie das Team seine Ziele besser erreichen kann. Sicher werden auch Ideen kommen, bei denen sie sagen, dass es nicht umsetzbar ist. Meist entsteht das aus einem Informationsgefälle. Sie haben Wissen, das dem Team fehlt. Dem Team wird durch ihre Erklärung bewusst, weshalb es so ist, wie es eben ist. Diese Transparenz bedeutet Wertschätzung und verringert das „Flurgeflüster".

Presencing Workshop Dieser Workshop ist das Kernstück unseres Vorgehens. Hier erarbeitet das Team: Wie sieht unser gemeinsames, scharfes Bild der bestmöglichen Zukunft aus? Das Ergebnis schafft eine genaue Zielvorstellung, mit dem sich alle im Team identifizieren können. Die Mission rückt in den Vordergrund, und es entsteht ein Spirit, sie zu erfüllen.

Prototyping Wie erreichen wir unsere Ziele? Jeder Schritt, der uns näher zu unserem Ziel führt ist der richtige! Der Schlüssel ist, sich immer wieder auf die Metaebene zu begeben. Das heißt konkret: Integrieren Sie in ihre Regelkommunikation (Jour fixe, Teambesprechungen, Abteilungsmeetings o. ä.) die Fragen hinsichtlich „Wie kommen wir unseren Zielen näher" – statt ausschließlich über das operative „Was-steht-gerade-an" zu sprechen.

Learning Journey Das Rad muss nicht immer neu erfunden werden. Ein Besuch bei einer Organisation, die bereits ein ähnliches Problem gelöst hat, bringt praxisnahe Erkenntnisse und spart viel Zeit. Mit guter Vor- und Nachbereitung können viele Informationen gewonnen und auf die eigene Organisation übertragen werden. Zudem können Fehlerversuche von anderen Unternehmen vermieden werden.

Definition von Führungskompetenzen Die Führungskompetenzen zeigen die Erwartung der Organisation an das Verhalten der Führungskräfte. Es werden die Kompetenzen definiert, die die Organisation benötigt, um ihr Ziel zu erreichen.

Mit den Führungskompetenzen haben alle Führungskräfte klar definierte „Leitplanken", in denen sie ihre Mitarbeiter führen. Gleichzeitig bilden sie die Grundlage für weitere wertschöpfende Instrumente wie Mitarbeitergespräche, 360°-Feedback, Personalentwicklung, Leadership Review.

Etablieren von Feedbackschleifen Eine wirksame Feedbackkultur ist ein Erfolgsfaktor für wertschöpfende Führung. Sie benötigt eine strukturelle Einbindung in den Arbeitsalltag. Feedback heißt für uns nicht nur Lob, sondern ist die kritische Auseinandersetzung in der Zusammenarbeit. Jedes Verhalten, das nicht zielführend im Sinn der Unternehmensmission ist, muss auf einem konstruktiven Weg rückgemeldet werden können.

Durch etablierte Feedbackschleifen können sich die Mitglieder der Organisation kontinuierlich verbessern.

Es wäre schön, wenn Methoden und Instrumente wie Kochrezepte verwendet werden könnten. Die Voraussetzungen in Ihrem Unternehmen sind sicherlich andere als die unserer Organisationen. Wir möchten Ihnen Ideen geben, wie wir gearbeitet haben. Sammeln Sie sich eklektisch Tools, die Sie Ihren Zielen näher bringen, und wandeln Sie diese nach Ihren Bedürfnissen ab!

5.1 Change-Architektur

Als interner und externer Organisationsentwickler suchten wir lange nach einem Aufbau, wie Veränderung tragfähig gelingen kann. Als Schlüssel zur Veränderung identifizieren die meisten Berater die Führungskräfte. Kollegen, mit denen wir uns ausgetauscht haben, bestätigten uns ausnahmslos: Wenn die Führungskräfte nichts an ihrem Verhalten ändern, bleibt die Organisation so, wie sie ist. Die Mitarbeiter in den Teams haben dann keine Chance, etwas anders zu machen. Das leuchtet uns ein. Die Schlussfolgerung liegt nahe, alle Führungskräfte durch ein Curriculum zu schleusen. Wie Richard Gris in *Die Weiterbildungslüge* beschreibt, ist der Nutzen leider äußerst gering. Dieselbe Erfahrung teilen wir. Selbst Führungskräfte mit viel Lernbereitschaft konnten langfristig kaum etwas aus Schulungsmaßnahmen allein umsetzen (auch wenn diese sehr gut gestaltet waren). Also allein zu einem zweitägigen Training zu gehen, hat kaum Nutzen.

Ebenso zeigten einzelne Workshops mit Teams zwar kurzfristig Wirkung, wenn sie jedoch die Themen nur an der Oberfläche gekratzt haben, waren nach einiger Zeit dieselben Probleme wieder da. Ein weiteres Problem kam hinzu: Einen Workshop für einen oder gar zwei ganze Tage anzusetzen, ist meist schon das Maximum des Möglichen. Das operative Geschäft muss schließlich erledigt werden. Die Problemstellungen ernsthaft anzugehen und auch Ressourcen zu investieren, ist mit wenig Bereitschaft verbunden.

Beispiel

Ein Holzfäller mit einer stumpfen Axt müht sich ab, einen Baum zu fällen. Es kommt ein Wanderer vorbei und sieht ihm eine Weile zu. Dann rät er dem Holzfäller: „Zwei Kilometer von hier ist ein Dorf mit einem Schmied. Er kann die Axt sicher wieder schärfen. Und dann klappt das mit dem Bäume fällen auch wieder besser." Darauf antwortet der Holzfäller: „Ja, ich weiß, aber ich habe doch keine Zeit dafür! Ich muss doch diese Bäume hier fällen!"

Wahrscheinlich kennen Sie diese kleine Geschichte. Obwohl wir schon lange versuchen, immer wieder inne zu halten, um „die Axt zu schärfen", nehmen wir uns selbst viel zu selten die Zeit dazu.

Operativ arbeitenden Abteilungen und Teams nahe zu bringen, sie sollten dies tun, ist noch schwieriger.

Wir befanden uns in einem Dilemma. Eine kurze Intervention brachte kaum dauerhafte Erfolge. Ein Konzept über mehrere Tage, das vom Tagesgeschäft ablenkt, war nicht anschlussfähig. Es musste also eine Architektur, ein Plan her, der so wenig Zeit wie möglich kostet, den laufenden Betrieb nicht stört und gleichzeitig auch noch nachhaltig wirkt.

Unser Ergebnis: Eine eklektische Architektur aus *Theorie U* von Otto Scharmer, *Design Thinking* und den Change-Konzepten von John Kotter.

Die Kernelemente unserer Architektur sind

- eine Haltung aller Beteiligter, die respektvoll, offen, konstruktiv und dialogorientiert ist
- ein Ablaufplan, der sich sehr flexibel den Gegebenheiten der Organisation anpasst
- der Fokus auf das gemeinsame Ziel
- eine iterative Annäherung an das Ziel

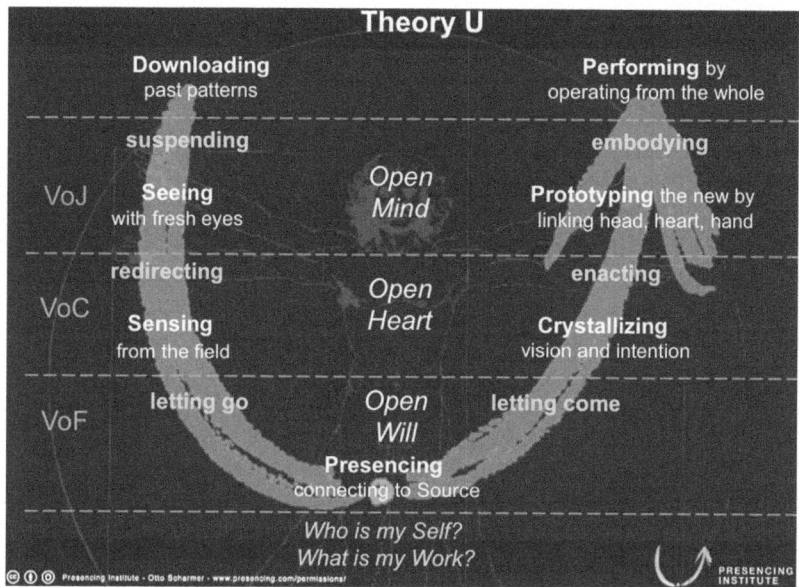

Abb. 5.1 Theorie U. (Quelle: Scharmer [2])

Die Architektur der *Theorie U* bildet das Fundament unserer Change-Architektur. Mit dem Durchlaufen der Phasen entwickeln wir die Organisation weiter zu mehr Wertschöpfung und dem dazugehörigen Führungsverständnis. Es ist wichtig, dass Sie für sich eine eigene Architektur entwickeln. Sie muss zu Ihrer derzeitigen Situation und Kultur passen. Wir möchten Ihnen Ideen geben, welche Methoden Sie darin einsetzen können. Die Methoden sind sehr flexibel und können an die Anforderungen der Organisation angepasst und erweitert werden. Die in diesem Kapitel beschriebenen Methoden bieten vielmehr Möglichkeiten zur Annäherung an wertschöpfende Führung als eine starre Handlungsanleitung. Organisationen sind leider zu unterschiedlich, als dass man sie mit einem vorgefertigten Ablaufplan verändern könnte.

In Abb. 5.1 sehen Sie unseren Ansatz mit den aufeinander folgenden Phasen. Diesen wandeln wir je nach Organisation ab. Die linke Seite hat die Historie, die aktuelle Kultur, die derzeitige Organisation im Fokus.

Es geht darum,

- die positiven Elemente der Organisation zu erkennen und die Elemente zu identifizieren, die Wertschöpfung behindern

- eine Koalition von veränderungsbereiten Menschen aufzubauen
- Offenheit für Veränderung bei den Betroffenen zu schaffen
- tief in die Organisation zu sehen, zu hinterfragen und hinein zu fühlen
- einen geschützten Raum für Ideen und Dialog zu etablieren
- Loslassen zu lernen

Das Ende der ersten Phase erkennen Sie daran, dass der größte Teil der Beteiligten mit *open will, open heart, open mind* (wie es Otto Scharmer nennt) zusammen am Veränderungsprozess arbeitet. Er meint damit wirkliche Offenheit, Bereitschaft „alte Zöpfe abzuschneiden", Ausdrücken der eigenen Gefühle und ehrliche Begegnung der Menschen. Alte Konflikte sind abgeschlossen, es steht die Aussicht auf einen neuen Abschnitt im Vordergrund und Eitelkeiten sind in den Hintergrund getreten. Erst wenn wir an diesem Punkt sind (und wirklich erst dann), ist die erste Phase abgeschlossen.

Das Herzstück unserer Veränderungsarchitektur ist das *Presencing:* „Von der Zukunft her denken" (vgl. Scharmer [1]). Vielleicht geht es Ihnen so wie mir bei der ersten Auseinandersetzung mit Otto Scharmers Werk, und Sie fragen sich: „Wie kann man von der Zukunft aus denken?" Der Unterschied zu üblichen Vorgehensweisen in der Organisationsentwicklung liegt in der Fokussierung auf das Ziel. Also auf die Zukunft. Auf die Zukunft, die zur Realität werden soll. Wie sieht unsere gemeinsame, bestmögliche Zukunft aus? Die Frage ist im Detail wichtig:

- gemeinsame Zukunft: Alle Beteiligten müssen sich darin wiederfinden. Jeder muss am Ende dieselbe Vorstellung von dieser Zukunft haben. Alle müssen sich mit dieser Zukunft identifizieren können. Jeder muss den Willen haben, sich dafür im Rahmen seiner Möglichkeiten einzusetzen.
- bestmögliche Zukunft: Die Vorstellung soll zwar realistisch sein, aber durchaus die Grenzen des bisherigen Denkens durchbrechen. Vielleicht ist das Ergebnis eine Zukunftsvision oder ein Wunsch mit der Aussicht, einmal zur Wirklichkeit zu werden.

In der Presencing-Phase (siehe Abb. 5.1) entsteht aus der Frage ein klares „Bild" der bestmöglichen Zukunft der Organisation (und aller Beteiligten inklusive Umfeld und vor allem Kunden). Viele Teams, mit denen wir gearbeitet haben, entschlossen sich wirklich ein Bild oder eine Grafik zu erstellen. Sie visualisierten alle Aspekte ihrer gemeinsamen, bestmöglichen Zukunft und hängten das Bild großformatig an einer zentralen Stelle im Unternehmen auf.

Die scharfe, klare Vorstellung davon, „wo die Reise hingehen soll", hat eine hohe Attraktionswirkung. Jeder weiß genau, auf was er hinarbeitet, für was er seine Energie einsetzt.

Die rechte Seite von Abb. 5.1 ist die Umsetzungsphase. Das Ziel ist klar und jetzt geht es darum, sich dem Ziel anzunähern. Im Gegensatz zum klassischen Projektmanagement, in dem ein Plan mit definierten Meilensteinen und Arbeitspaketen aufgestellt wird, ist das Vorgehen iterativ: Jeder Schritt, der uns näher zum Ziel bringt, ist der richtige! In dieser Phase arbeiten wir nicht den Anspruch auf ein bis ins letzte Detail durchdeklinierten Ablauf zur Zielerreichung. Die Organisation soll kontinuierlich vorankommen und dabei Erfolge erzielen. Gleichzeitig muss mit den Rückschlägen, die nicht ausbleiben werden, konstruktiv umgegangen werden. Jeder missglückte Schritt ist eine Erfahrung aus der die Organisation lernen kann.

Eine Herausforderung wird das Zulassen des Neuen sein. In jeder Organisation gibt es Menschen, denen es schwerfällt, sich auf die Neuerungen einzustellen. Welche Möglichkeiten gibt es, sie in die Wertschöpfung zu integrieren? Wie geht man mit Mitarbeitern um, die sich verweigern? Oder: Wie trennt man sich ggf. fair von ihnen?

Ist die bestmögliche, gemeinsame Zukunft erreicht, muss sie etabliert werden. Die Organisation an dem Punkt zu halten erfordert Aufmerksamkeit. Es muss in regelmäßigen Abständen reflektiert werden, ob man noch am idealen Punkt ist, oder ob ggf. das Ziel (z. B. durch veränderte Rahmen-, Marktbedingungen, Gesetzgebung) nicht mehr passt.

Wahrscheinlich haben Sie die Chancen, die dieser Ansatz bietet, bereits im Aufbau der Architektur erkannt. Das integrative Element bei einhergehender Verbindlichkeit setzt viele ungenutzte Ressourcen der Organisation frei. Die Beteiligten (egal ob Führungskräfte, Mitarbeiter oder Betriebsrat) ziehen wieder an einem Strang. Sie finden sich im Ziel und im Veränderungsprozess wieder. Der Spirit und die Energie von Start-ups entstehen wieder. Es werden wieder Wege gefunden, wie es funktionieren kann, statt Gründe, weshalb etwas nicht geht. Und: Die Blockierer werden sich selbst ausgrenzen, gehen oder können respektvoll verabschiedet werden.

Nachfolgend finden Sie Vorschläge zu Methoden für die jeweiligen Phasen. Wir konnten gute Erfolge mit ihnen erzielen. Sehen Sie sie als Chance, um Stück für Stück mehr Dialogfähigkeit, Zielfokussierung und Wertschöpfung in die Organisation zu bringen.

5.2   Listening Table

Der *Listening Table* ist eine Abwandlung von Round Table Veranstaltungen, die v. a. zu Beginn des Veränderungsprozesses zum Einsatz kommen. Freiwillige Mitarbeiter treffen sich zum Austausch mit der Führungskraft der Führungskraft („Chef-Chef"). Also eine (hierarchisch hohe) Führungskraft trifft sich mit Mitarbeitern. Es nehmen keine hierarchischen Zwischenebenen wie Gruppenleiter oder Teamleiter teil.

Die Führungskraft stellt in diesem Setting lediglich Fragen, hört zu und hinterfragt. Sie versucht, keine Erklärungen abzugeben. Jeder Satz der Führungskraft sollte mit einem Fragezeichen enden!

Das Team erläutert, wie aus deren Sicht die Zusammenarbeit v. a. mit dem direkten Vorgesetzten funktioniert.

Sind Sie als „Chef-Chef" auf dem Weg zu wertschöpfender Führung und sind nicht wirklich sicher, ob offen gesprochen wird, dann lassen Sie sich von einem erfahrenen Prozessberater begleiten.

Die Intention könnte so aussehen: „Wir sind alle in einem Boot und wir müssen alle lernen, besser hin- und zuzuhören. Mir mag das nicht immer gelingen. Möglicherweise falle ich zurück in Anweisungen geben. Das will ich nicht. Dafür ist der Moderator (Prozessberater) da. Er wird mich darauf hinweisen."

So kann der Listening Table zu einem Startpunkt werden, um mehr in den Dialog zu kommen und Vertrauen Schritt für Schritt aufzubauen. Es können Gestaltungsspielräume für Mitarbeiter erweitert und nicht zielführende Prozesse und Strukturen modifiziert werden. Sie können die Sicht der Mitarbeiter besser verstehen und in Ihre eigene Führung integrieren.

Zielsetzung: Sensibilisierung und Identifizierung von Veränderungspotenzialen; Wertschätzung der Meinung der Mitarbeiter; Dialogfähigkeit entwickeln

Zeitrahmen: 1,5 h (zzgl. Nachbesprechung)

Teilnehmerzahl: 5 bis 15

Hilfsmittel: Fragebogen für den Moderator und die Führungskraft

Vorbereitung: Die Führungskraft erstellt eine Liste von Fragen, die sie den Mitarbeitern stellen will. Ein Beispiel finden Sie in Abb. 5.2 (am Ende des Tools).

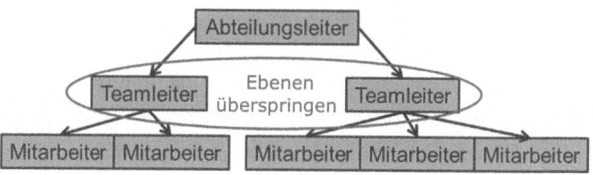

Abb. 5.2 Teilnehmer des Listening Tables. (Eigene Darstellung)

Durchführung

1. Einladung inkl. Intention der Veranstaltung wird an die Mitarbeiter versendet. (Zwischen-Führungsebenen werden nicht eingeladen.)
2. Die Führungskraft trifft sich mit den Mitarbeitern aus ihrem Verantwortungsbereich. Der Moderator eröffnet die Veranstaltung. Dabei ist wichtig hervorzuheben: der konstruktive Charakter der Veranstaltung; der Willen der Führungskraft, mehr über die Problemstellungen der Mitarbeiter zu erfahren; Dialogfähigkeit zu erhöhen; Antrieb der Führungskraft, die Zusammenarbeit in der Organisation zu verbessern.
3. Einstiegsfrage des Moderators: „Bitte lassen Sie (Mitarbeiter) sich auf ein kleines Experiment ein! Schließen Sie die Augen, und zeigen Sie mit einer Hand eine Zahl zwischen 0 und 5. 0 bedeutet, es läuft insgesamt sehr schlecht, ich bin demotiviert und kann meine Arbeit wenig effizient verrichten. 5 steht für: Alles ist perfekt. Ich bin hoch motiviert, und die Arbeitsbedingungen sind perfekt."
   Die Mitarbeiter zeigen mit verschlossenen Augen eine Zahl und öffnen die Augen wieder. Dann sehen sie auch die Zahlen der Kollegen.
   Daraufhin stellt der Moderator die Fragen: „Warum haben Sie die Zahl ausgewählt? Und was müsste geschehen, damit Ihre Zahl um 1–2 Punkte höher ist?" Der Moderator fragt bei allen Mitarbeitern nach, und die Führungskraft stellt Verständnisfragen. Die Führungskraft nimmt keine Stellung zu den Erläuterungen der Mitarbeiter!
4. Die Führungskraft und/oder der Moderator stellen die vorbereiteten Fragen. Die Hauptaufgabe der Führungskraft besteht im Zuhören und Nachfragen.
5. Am Ende bedankt sich die Führungskraft für die Antworten (auch wenn die Antworten kein gutes Gefühl verursacht haben).
6. Führungskraft und Moderator reflektieren gemeinsam die Veranstaltung und leiten Folgeschritte ab.

Moderation: Ja

Fragen

- Wenn unser Bereich ein Schiff wäre, welche Art von Schiff (Segelschiff, Fähre, Dampfer, Kriegsschiff usw.) wäre es? In welcher Funktion würden Sie sich sehen? Wo sehen Sie die Teamleiter und mich (Führungskraft)? Würden wir aus Ihrer Sicht eher am Steuer oder im Motorraum stehen?
- Denken Sie nun an einen anderen Bereich, mit dem wir firmenintern in Berührung kommen. Wie wird aus deren Sicht „Führung" in unserer Abteilung wahrgenommen?
- Inwiefern fühlen Sie sich bei Entscheidungen, die für Sie relevant sind, einbezogen?
- Inwiefern wären Sie gerne mehr in Entscheidungen miteinbezogen?
- Zu welchen Inhalten würden Sie gerne öfter Vorschläge mit einbringen?
- Wie gut sehen Sie sich in Ihrer Weiterentwicklung unterstützt?
- Inwiefern können Sie kritische Fragen offen ansprechen?
- Was brauchen Sie hinsichtlich Führung, um gut arbeiten zu können?
- Wie empfinden Sie Ihren Handlungsspielraum?
- Wie sieht der Informationsaustausch in unserem Bereich aus?
- Wie empfinden Sie die Bedeutung/Sinn Ihrer Arbeit?
- Wie transparent sind die Unternehmensziele in unserem Bereich für Sie?
- In welchen Punkten würden Sie gerne Feedback bekommen?
- Wozu möchten Sie mir gerne Feedback geben?
- Wie beurteilen Sie die Erreichbarkeit der Vorgesetzten in unserem Bereich?
- Wie empfinden Sie Wertschätzung in unserem Bereich?
- Wo würden Sie das Verbesserungspotenzial der Führungskultur auf einer Skala von 0–10 einordnen, wobei 0 – kein Verbesserungspotenzial und 10 – großes Verbesserungspotenzial bedeutet? Was müsste passieren, damit sich die Bewertung auf der 10er Skala positiv oder negativ verändert?

5.3   Mitarbeiterbefragung

Mitarbeiterbefragungen sind zwar kein besonders innovatives Instrument, aber wir führen sie wegen deren hoher Wichtigkeit hier auf. Um ein klares Bild der Organisation zu bekommen, sind sie ein hervorragendes Tool – wenn sie gut gemacht sind. So viel Klarheit sie erzeugen können, so viel Demotivation und Unruhe kann ebenso entstehen. Achten Sie bei der Durchführung von der ersten Information an die Mitarbeiter bis hin zur transparenten Rückspiegelung der

Ergebnisse an die gesamte Belegschaft auf eine professionelle Durchführung (ggf. durch externe Unterstützung).

Die Ergebnisse zur Führungskultur der Organisation sind die Grundlage der Diskussion mit den Führungskräften. Wahrscheinlich werden einige Problemfelder offensichtlich und erzeugen den nötigen „Sense of Urgency", wie es John Kotter nennt. Die Bereitschaft zur Veränderung und Energie zu investieren, wird bei den meisten Führungskräften steigen.

Zielsetzung: Klarheit und belastbare Daten über den Istzustand der Führungskultur; Diskussionsgrundlage zum Start des Veränderungsprozesses; Erzeugen von Veränderungsbereitschaft bei den Führungskräften; Wertschätzung der Meinung der Mitarbeiter

5.4 Managerbrief

Ein Managerbrief wird vom Mitarbeiter an seinen Vorgesetzten geschrieben. Der Mitarbeiter bekommt vorab Fragen, anhand derer er den Brief formuliert.

Anschließend bildet der Managerbrief die Grundlage für einen Dialog. Die Führungskraft und der Mitarbeiter machen sich beide aktiv Gedanken über Aufgaben, Verantwortlichkeiten und Ziele im Kontext der Unternehmensmission. Was ist das Beste für unsere Organisation? Wie können wir Mitarbeitern mehr Verantwortung übertragen? Wie entsteht mehr Handlungskompetenz für einen guten Nutzen für alle Stakeholder?

Zielsetzung: Dialogfähigkeit erhöhen; Klarheit zu gegenseitigen Erwartungen schaffen; Aufgaben und Verantwortung klären; individuelle Problemstellungen auflösen; Effizienz erhöhen; Zusammenarbeit verbessern

Ablauf

1. Die Führungskraft erläutert den Mitarbeitern die Intention des Managerbriefs und klärt Rückfragen.
2. Der Mitarbeiter bekommt die Fragen zugeschickt.
3. Der Mitarbeiter sendet den Managerbrief an seine Führungskraft zurück.
4. Führungskraft und Mitarbeiter treffen sich zu einem ungestörten Dialog und diskutieren den Brief. Anschließend können Vereinbarungen zur zukünftigen Zusammenarbeit getroffen werden.

Fragen des Managerbriefs

- Was sind aus meiner Sicht meine Ziele? Was die Ziele meines Vorgesetzten?
- Was sind Kriterien, nach denen meine Leistung bewertet werden kann?
- Was sind die Dinge, die ich tun muss, um meine Ziele zu erreichen?
- Welche Unterstützung brauche ich für die erfolgreiche Arbeit an meinen Zielen?
- Was behindert mich in der Organisation an meiner Arbeit?
- Was sind meine konkreten Schritte um meine Ziele zu erreichen?

5.5   Die Vergangenheit abschließen (Tabula rasa)

Bevor zukunftsgerichtete Maßnahmen tragfähig sein können, ist es oft nötig, mit der Vergangenheit abzuschließen. Ansonsten ist die Gefahr groß, die alten Themen immer wieder auf den Tisch zu bekommen. Dieses Workshop-Format soll „reinen Tisch machen", unausgesprochene Reibungen und Konflikte abschließen. Gleichzeitig werden die positiven Aspekte der Zusammenarbeit hervorgehoben.

Zielsetzung: Dialogfähigkeit erhöhen und Feedback verbessern; Reibungen in der Zusammenarbeit mindern; schwelende Konflikte bereinigen; Stimmung im Team verbessern

Dauer: Ca. 0,5 Tage (abhängig von der Teamgröße)

Ablauf
1. Die Führungskraft lädt das ganze Team zu einem Workshop ein und macht die Zielsetzung deutlich.
2. Der Moderator wiederholt die Zielsetzung und bittet um Offenheit und gegenseitige konstruktive Kritik. Jedes Teammitglied kann im Verlauf des Workshops Themen äußern, die ihn in der Vergangenheit ärgerten, beeinträchtigen und die Zusammenarbeit negativ beeinflusst haben. Werden Aspekte nicht geäußert, ist das völlig ok. Sie sollten aber nach dem Workshop dementsprechend auch nicht mehr angebracht werden. Hier und jetzt ist die Chance für eine konstruktive, moderierte Aufarbeitung.
3. Jeder Mitarbeiter pinnt eine Karte mit seinem Namen auf eine Pinnwand (oder direkt an die Wand), darunter jeweils eine Spalte mit einem Pluszeichen und einem Minuszeichen.

4. Der Moderator stellt folgende Fragen (und schreibt diese auf ein Flipchart):
   - Welches Verhalten und welche Aspekte der Zusammenarbeit schätzen Sie bei Kollegin/Kollege X?
   - Bei welchem Verhalten und bei welchen Aspekten der Zusammenarbeit mit Kollegin/Kollege X wünschen Sie sich Veränderung?

   Jeder Mitarbeiter setzt für das X nacheinander die Namen der Kolleginnen und Kollegen ein und schreibt für jeden Aspekt eine separate Moderationskarte. Die Beantwortung der beiden Fragen findet in Stillarbeit statt.
   (Für die Stillarbeit ist ausreichend Zeit nötig. Pro Teammitglied sollten es ca. 5 min sein, d. h. bei 10 Teammitgliedern ca. 50 min).

5. Nach Abschluss der Stillarbeit hängen die Teilnehmer die Karten zu Frage 1 unter das Pluszeichen und zu Frage 2 unter das Minuszeichen der anderen Teilnehmer. Jeder bekommt also von jedem ein paar Kärtchen unter seinen eigenen Namen.
   Danach sind 5–10 min Zeit, um die eigenen Karten durchzulesen und zu verstehen.

6. Gemeinsam mit dem Moderator werden die Karten jedes Mitarbeiters durchgegangen. Ziel ist, dass jeder Teilnehmer die Karten zu sich selbst versteht. Der Mitarbeiter kann Verständnisfragen stellen. V. a. bei den negativen Aspekten soll weder eine Diskussion entstehen oder Rechtfertigung stattfinden. Der Moderator bricht jegliche Diskussion direkt ab.
   (Hintergrund: Jeder Mensch hat seine eigene Wahrnehmung und Sicht der Dinge. Wenn jemand einen Aspekt anbringt, ist dies seine eigene Wahrheit. Und diese steht auf der Karte. Es geht darum, zu verstehen, dass sich ein Kollege für einen gewissen Aspekt Veränderung wünscht. Dieser Wunsch muss respektiert aber nicht diskutiert werden.)

7. Nachdem alle Aspekte durchgegangen und verstanden wurden, deckt der Moderator zwei weitere Fragen auf:
   - Welche Angebote möchte ich zur Verbesserung der Zusammenarbeit (zu den jeweiligen negativen Aspekten) machen?
   - Was brauche ich dazu von meinen Kolleginnen/Kollegen?

   Jedem Mitarbeiter steht nun frei, Vorschläge zu machen, wie die eigenen negativen Aspekte vermieden werden und die Zusammenarbeit verbessert werden kann. Falls dafür die Kolleginnen/Kollegen ihr Verhalten ändern müssen, kann auch dies notiert werden. Die Mitarbeiter schreiben wieder je Aspekt eine Karte und heften sie unter den eigenen Namen hinzu.
   Für die Ausarbeitung sollte kein Zeitdruck aufkommen. Mindesten 30 min können eingeplant werden.

Sind alle Karten angepinnt, erläutern die Mitarbeiter ihre Angebote. Der Moderator fragt nach, ob das Angebot die Zusammenarbeit mit dem Team verbessern würde. Es kann eine Diskussion entstehen, in der das Angebot nachjustiert wird, bis es für alle Beteiligten stimmig ist. Falls der Mitarbeiter noch etwas zur Umsetzung seines Angebots vom Team benötigt, kann er es ebenfalls an dieser Stelle diskutieren. Wichtig ist, dass jeder Aspekt vom Moderator als Vereinbarung abgeschlossen und schriftlich dokumentiert wird (Fotoprotokoll o. ä.).

Achtung: Es ist schwierig, für diesen Teil einen genauen Zeitablauf zu planen. Je nach Anzahl der Aspekte und Diskussionsbedarf kann die Dauer variieren. Der Moderator sollte darauf achten, dass die Vereinbarungen zwar durch die Mitarbeiter selbst entstehen, jedoch die Diskussionen dazu nicht ausufern.

8. Die Wahrscheinlichkeit ist sehr hoch, dass sich jeder Mitarbeiter nach dem Workshop an seine eigenen Angebote zur Verbesserung der Zusammenarbeit hält. Nach einigen Tagen, Wochen und Monaten wird der Workshop zunehmend in Vergessenheit geraten und manch alte Verhaltensmuster treten wieder auf.

Um die Wahrscheinlichkeit zu erhöhen, dass die Vereinbarungen der Mitarbeiter eingehalten werden, gibt es einige Möglichkeiten:

– Die Führungskraft und/oder die Kollegen weisen sich in regelmäßigen Feedbacks (Einzelgespräche, Teambesprechungen o. ä.) gegenseitig auf die Veränderung des Verhaltens (positiv und negativ) hin.

– In einem Folgeworkshop nach ca. 3 Monaten wird der Erfolg der Umsetzung diskutiert und nachjustiert.

Entscheidend ist nicht, welche Maßnahme zum Review nach dem Workshop folgt. Entscheidend ist, dass eine Maßnahme folgt. Wenn alle Beteiligten wissen, dass noch einmal strukturiert über die Umsetzung der Vereinbarungen gesprochen wird, so werden sie sehr genau darauf achten, die eigenen Angebote auch einzuhalten. Wird bis zur Folgemaßnahme das veränderte Verhalten zur Routine, ist eine große Chance vorhanden, dass es auch danach so bleibt. Die Aufgabe des Moderators ist folglich, dass das Team ein passendes Feedback festlegt.

9. Der Workshop ist für die Teilnehmer sehr anstrengend. Die gegenseitige Kritik schmerzt. Für den Abschluss sollte (durch den Moderator oder die Führungskraft) die Anstrengung gewürdigt und der mögliche Nutzen der Veranstaltung noch mal dargestellt werden. Falls es noch eine Möglichkeit für das Team zur positiven Abrundung gibt, planen Sie diese ein!

5.6 Management Shoes Workshop

Der *Management Shoes Workshop* unterbricht das operative Tagesgeschäft und ermöglicht einen Blick von der Metaebene auf das Team. Die Mitarbeiter versetzen sich in die Rolle der Führungskraft. Sie „schlüpfen in deren Schuhe". Die zentrale Frage des Workshops ist: Was würden die Mitarbeiter unternehmen, wenn sie das Team leiten müssten?

Das Team arbeitet das aus deren Sicht vorhandene Verbesserungspotenzial heraus und präsentiert es konstruktiv der Führungskraft. Anschließend diskutieren alle gemeinsam über Umsetzungsmöglichkeiten.

Zielsetzung: Erhöhung des gegenseitigen Verständnisses; Perspektivenwechsel; Verbesserung der Dialogfähigkeit; Aufdecken von Innovationspotenzial; Verbesserung der Zusammenarbeit

Zeitrahmen: 6 h (4 h Erarbeitung, 0,5 h Präsentation vor der Führungskraft, 1,5 h Diskussion und Aktionsplanung)

Ablauf

1. Die Führungskraft lädt die Mitarbeiter ein und erläutert die Intention.
2. Die Führungskraft eröffnet die Veranstaltung, wiederholt die Intention und bittet um eine offene, konstruktive Haltung der Mitarbeiter. Danach verlässt die Führungskraft den Raum.
3. Der Moderator erläutert den Ablauf der Veranstaltung und sagt den Teilnehmern, dass sie in die Rolle der Führungskraft schlüpfen werden und die Ergebnisse später ihrer wirklichen Führungskraft zurückspiegeln werden.
4. Aufgabenstellung an die Teilnehmer: Stellen Sie sich vor, Sie sind alle die Führungskraft dieses Teams! Als Führungskraft treffen Sie sich mit Ihren Führungskollegen (die anderen Teilnehmer) zu einem Management-Workshop zum Thema: Verbesserungspotenzial. Arbeiten Sie mit Ihren Kolleginnen/Kollegen Verbesserungsmöglichkeiten heraus, die Sie im kommenden Jahr umsetzen möchten. Erstellen Sie dazu eine max. 30-min Präsentation in der Form Ihrer Wahl!
5. Die Mitarbeiter bearbeiten die Aufgabe. Der Moderator weist ggf. darauf hin, dass die Ergebnisse in einer für die Führungskraft annehmbaren Form wiedergegeben werden sollten. Nur dann kann ein konstruktiver Dialog entstehen.
6. Die Führungskraft wird zurück in den Raum geholt und die Mitarbeiter präsentieren die Arbeitsergebnisse. Die Führungskraft kann Verständnisfragen stellen, sollte jedoch Kommentare o. ä. vermeiden.

7. Viele Führungskräfte haben Bedenken vor Kritik der Mitarbeiter. Sie können durch den Moderator gemildert werden: Es gibt meist zwei Arten von möglichen Ergebnissen aus der Präsentation der Mitarbeiter,
   - Themen, die die Führungskraft und die Mitarbeiter als Verbesserungsmöglichkeit sehen
   - Themen, die aus Sicht der Mitarbeiter eine Verbesserung wären, aber für die Führungskraft als nicht umsetzbar angesehen werden.
   Beide Arten haben eine positive Auswirkung. Wenn alle eine Verbesserung sehen, kann über die Schritte der Umsetzung diskutiert werden. Wenn die Mitarbeiter eine Verbesserungsmöglichkeit sehen, jedoch die Führungskraft nicht, so herrscht ein Informationsgefälle. Die Führungskraft kann ihre Bedenken äußern und erklären, weshalb aus ihrer Sicht keine Veränderung möglich ist. Oft gibt es Rahmenbedingungen, strategische Entscheidungen auf höheren Ebenen usw., von denen die Mitarbeiter nichts wissen. Die Mitarbeiter können die Situation durch die Erläuterung besser nachvollziehen, und die Erwartungen an die Führungskraft, „hier müsste doch etwas verändert werden", sinken. In der Diskussion werden alle Themen aus der Präsentation besprochen. Umsetzungsmöglichkeiten werden festgehalten und ggf. ein Aktionsplan erstellt.
8. Zum Abschluss kann die Führungskraft an die Mitarbeiter rückmelden, wie sie sich bei der Präsentation der Ergebnisse gefühlt hat. Dies ist v. a. vertrauensbildend, wenn beiderseits Bedenken vorhanden waren.

Teilnehmerzahl: 3–15 Teilnehmer

Hilfsmittel: Flipchart, Moderationskarten

Moderation: Ja

5.7   Presencing Workshop: Das Zukunftsbild gemeinsam erstellen

Dieser Workshop ist das Herz unserer Methoden. Er funktioniert sowohl auf Geschäftsleitungsebene als auch für einzelne Teams. Durch ihn wird ein gemeinsames Ziel definiert und auf dieses Ziel die Energie fokussiert. Es entsteht durch den Workshop und durch die spätere Arbeit mit den Ergebnissen wieder der Spirit, der für Start-ups typisch ist und meist im Lauf der Zeit verloren geht.

Presencing ist ein Kunstwort aus den Wörtern „presence" (Gegenwart, Präsenz, Anwesenheit) und „sensing" (fühlen, spüren, empfinden, sinnvoll sein). Es steht für die Fähigkeit zu fühlen, und damit das bestmögliche Zukunftspotenzial zur Wirklichkeit werden zu lassen (vgl. Scharmer [1]). Im Workshop „zeichnen" die Teilnehmer (Mitarbeiter und Führungskräfte) das gemeinsame, bestmögliche „Bild" ihrer Zukunft. Das kann sowohl im übertragenen Sinn als auch wörtlich geschehen. Wir haben mit Organisationen gearbeitet, die das Ergebnis auf eine 3 × 6 m große Leinwand gezeichnet haben und im Eingangsbereich der Unternehmenszentrale aufgehängt haben. Die Wirkung war großartig. Die Mitarbeiter sprechen auch noch Monate nach dem Workshop darüber, die Ergebnisse bleiben präsent und sogar Besucher und Kunden interessieren sich dafür.

Zielsetzung: Erstellung einer gemeinsamen, bestmöglichen Zielvorstellung, Vision, Mission; Fokussierung auf die Zielerreichung; Erhöhung der Wertschöpfung; Klärung des Sinns der Arbeit; Erhöhung der Motivation; Mitarbeiterbindung; Verbesserung der Dialogfähigkeit; Verbesserung der Zusammenarbeit; Verringerung von Schnittstellenproblemen und Konflikten; Transparenz (gegenüber allen Stakeholdern).

Ablauf
1. Die Einladung erfolgt mit der Bitte zu viel Offenheit, kritischem Denken, „über den Tellerrand hinaus blicken" und Bereitschaft zum Dialog.
2. Der Auftakt des Workshops ist entscheidend für dessen Verlauf. Wie die Einladung sollte er nochmals die Offenheit und Dialogbereitschaft der Teilnehmer erhöhen. Dies kann durch eine eine gut ausgearbeitete Rede der Geschäftsleitung erfolgen, es kann ein kurzes Video gezeigt werden oder Sie finden eine passende Möglichkeit für Ihre Organisation. Seinen Sie kreativ! (Wir haben mit einem Video über Astronauten gearbeitet. Die Botschaft war: Nur wenige Menschen haben in der Mitte des 20. Jahrhunderts geglaubt, dass Menschen im Weltall sein können. Aber durch neues Denken und durch ein klares Ziel, können Visionen wahr werden.)
3. Die erste Frage an die Teilnehmer lautet: Wir denken über die Zukunft nach. Welche großen Themen müssen wir betrachten? (z. B. Marktveränderungen, Qualität, unsere Mission, unsere Werte, politische oder juristische Änderungen, Personalpolitik, Struktur der Organisation, Umweltbedingungen, Marktteilnehmer etc.)

Die Themen werden am Flipchart festgehalten. Anschließend wird für jedes Thema eine Arbeitsgruppe gebildet. Idealerweise finden sich für jedes Thema freiwillig Interessenten.

4. Die Arbeitsgruppen arbeiten zum jeweiligen Thema an der Frage: Welche Aspekte hat unsere gemeinsame, bestmögliche Zukunft?
Sie erstellen dazu eine kurze Präsentation in der Form ihrer Wahl.

5. Jede Arbeitsgruppe präsentiert ihre Ergebnisse den anderen Teilnehmern. Nach der Präsentation diskutieren die Teilnehmer, unterstützt durch den Moderator, ob
    – alle relevanten Aspekte enthalten sind,
    – alle Teilnehmer mit den Aspekten einverstanden sind,
    – dasselbe Verständnis zu den Aspekten vorhanden ist,
    – Aspekte abgewandelt, nachjustiert oder gar gestrichen werden müssen.
Herrscht Einigkeit unter allen Teilnehmern (und erst dann), werden die Aspekte durch ein Punkteverfahren priorisiert. Die Ergebnisse werden nach Priorität am Flipchart festgehalten.
Das Verfahren wiederholt sich, bis alle Arbeitsgruppen an der Reihe waren.

6. Die Arbeitsgruppen arbeiten nun wieder in den Teilgruppen an der Visualisierung der Zwischenergebnisse: Finden Sie für jeden Aspekt ein Symbol, Bild, eine Metapher, und zeichnen Sie die Ergebnisse möglichst einfach und verständlich auf ein Flipchart!
(Dieser Schritt kann durch einen Grafiker begleitet werden. In unseren Workshops gab es anfangs oft Hemmungen, selbst zu zeichnen. Durch den Grafiker wurden sie gemildert, aber die Teilnehmer fanden immer schnell Freude am kreativen Arbeiten. Mittlerweile verzichten wir völlig auf externe grafische Unterstützung.)

7. Die Visualisierungen werden nacheinander den anderen Teilnehmern vorgestellt. Der Moderator holt Verbesserungsvorschläge ein und schließt jede einzelne Visualisierung ab, wenn alle Teilnehmer damit einverstanden sind. Es ist wichtig, dass sich alle Teilnehmer mit dem Bild identifizieren können!

8. Die Bilder werden auf eine beliebig große Leinwand übertragen. (Die Leinwand kann auf einer Platte fixiert werden und an einem Ort aufgehängt werden, der oft von den Teilnehmern frequentiert wird.)

9. Annäherung an das Zukunftsbild: Offen ist nun, wie man sich an das „scharfe Bild der Zukunft" annähert. Die Antwort ist einfach. Jeder Schritt in Richtung Ziel ist der richtige. Wenn einmal der falsche Weg eingeschlagen wurde (Fehler passieren), wird nachjustiert. Der iterative Annäherungsprozess heißt „Prototyping".

Die nächsten Schritte können gleich in diesem Workshop oder in einem Folgeworkshop erarbeitet werden.

Die Arbeitsfrage (wieder für die Teilgruppen) lautet: Welche Schritte müssen wir als nächstes machen, um unserem Ziel näher zu kommen? Bzw. was müssen wir zukünftig unterlassen, um unserem Ziel näher zu kommen? Erarbeiten Sie bitte einen Aktionsplan!

Der Plan wird anschließend wieder vorgestellt und mit allen Teilnehmern verabschiedet.

10. Der Abschluss sollte motivierenden Charakter haben. Der Moderator kann in die Teilnehmerrunde fragen, was sie am Ende des Workshops empfinden, und inwiefern sie ihn als erfolgreich wahrnehmen.

Deutlich muss werden, dass es darum geht, das entstandene Bild lebendig werden zu lassen. Der Workshop ist der Beginn von etwas Neuem, von der bestmöglichen, gemeinsamen Zukunft. Darin kann und muss sich jeder einbringen und jeden Tag daran arbeiten.

11. Kommunikation der Ergebnisse: Je sichtbarer das Zukunftsbild ist, desto besser verankert es sich, und umso größer ist die Attraktionswirkung.

Alle möglichen Kommunikationswege (Intranet, Mitarbeiterzeitschrift, Aushänge, Miniaturkopien für die Beteiligten etc.) können und sollten genutzt werden.

Teilnehmerzahl: unbegrenzt

Hilfsmittel: Flipchart, Moderationskarten, Klebepunkte, Leinwand

Bitte beachten: Dieses Workshop-Format ist erst sinnvoll, wenn die Führungskräfte und Mitarbeiter einen hohen Grad an Offenheit und Dialogfähigkeit erreicht haben.

Moderation: Ja

5.8 Prototyping

Der Begriff „Prototyping" ist aus der Industrie übernommen. Es werden Prototypen (z. B. in der Automobilindustrie Designmodelle aus Holz) angefertigt, die zwar noch nicht das fertige Produkt sind, aber durch deren konsequente Weiterentwicklung eine Annäherung an das spätere Serienprodukt stattfindet. Denselben Ansatz wenden wir auf Organisationen an (vgl. Otto Scharmer Theorie U). Wie

Kinder mit vielen Fehlversuchen das Laufen lernen und schließlich zum klaren Ziel „Laufen" kommen, so können sich Organisationen in iterativen Schleifen einem gesteckten Ziel annähern.

Das Ziel wurde im Presencing Workshop festgelegt und mit allen Beteiligten vereinbart. Jetzt müssen die Folgeschritte definiert und Aktionspläne erstellt werden. Die Methode ist dabei weniger wichtig als die dahinterstehende Haltung. Es kann kein Top-down-Ansatz (Geschäftsleitung gibt den Weg vor) verfolgt werden. Um einen Bottom-up-Ansatz möglich zu machen, müssen den Beteiligten Ressourcen bzw. Freiraum zur Verfügung gestellt werden (Zeit, Entscheidungsspielraum, ggf. Budget, Selbstorganisation, Prozessberatung). Die Führungskräfte können den Entwicklungsprozess mit einer konstruktiven Fehlerkultur unterstützen. Es wird mit Sicherheit zu Fehlversuchen und Problemen kommen. Ermutigen die Führungskräfte zu weiteren Versuchen anstatt (im schlechtesten Fall) zu bestrafen, kann es zu schnelleren Erfolgen kommen.

Für die Arbeit können Projektgruppen gebildet werden, die durch einen Prozessbegleiter unterstützt werden. Genauso kann ein fester Bestandteil in der Regelkommunikation (Jour fixe, Abteilungsbesprechungen usw.) für das Prototyping verwendet werden. Die Methode muss zu Ihrer Organisation passen. Sprechen Sie gemeinsam mit den Beteiligten, wie Sie sich am effizientesten organisieren können.

Ablauf

1. Anhand des Zukunftsbildes wird der aktuelle Zielerreichungsgrad ermittelt. Arbeitsaufgabe: Bitte beurteilen Sie, wie nahe wir unseren Zielen bereits sind! Nehmen Sie dazu je einen Klebepunkt pro Aspekt unseres Zukunftsbildes! (Grün = Ziel erreicht, gelb = teilweise erreicht, rot = weit entfernt vom Ziel) Man kann sehr schnell sehen, zu welchen Aspekten Handlungsbedarf besteht. In einer Diskussion sollte geklärt werden, wie man die vorhandenen Ressourcen effektiv einsetzen kann. Wahrscheinlich können nicht alle Aspekte gleichzeitig bearbeitet werden.

2. Die Erarbeitung der Folgeschritte kann in einer Diskussion oder in Arbeitsgruppen erfolgen. Die Arbeitsfrage lautet: Welche Schritte müssen wir als nächstes machen, um unserem Ziel näher zu kommen? Bzw. was müssen wir zukünftig unterlassen, um unserem Ziel näher zu kommen?
Aus den Ergebnissen wird ein Aktionsplan erstellt und die Umsetzung besprochen/vereinbart.

3. Reflexionsrunden: Schritt 1 und 2 werden in regelmäßigen Abständen wiederholt. Alle Beteiligten können nach Schritt 1 schnell feststellen, wo sich Verbesserungen in der Organisation eingestellt haben, und wo noch Energie investiert werden muss.

Zielsetzung: Umsetzung der Veränderung, Feststellung des Zielerreichungsgrads, Verbesserung der Dialog- und Reflexionsfähigkeit

Zeitrahmen: 10 min bis 3 h

Teilnehmerzahl: je nach Bedarf

Hilfsmittel: Zukunftsbild, Klebepunkte, Flipchart

Moderation: nur bei der Begleitung der Projektgruppen

5.9 Learning Journey

Man muss das Rad nicht immer selbst neu erfinden. Fast jede Idee wurde bereits in einer anderen Organisation umgesetzt. Statt alle Erfahrungen mit den dazugehörigen Fehlschlägen selbst zu machen, ist es manchmal einfacher, von anderen zu lernen.

In einer *Learning Journey* führt eine hierarchie- und abteilungsübergreifend zusammengesetzte Gruppe eine Expedition zu einem anderen Unternehmen durch, das in mindestens einer Disziplin herausragend ist. Der Unterschied zu einer üblichen Unternehmensbesichtigung:

- Das Gastunternehmen wird entsprechend des zu bearbeitenden Themas/Problemstellung ausgewählt.
- Es findet eine Vorbereitung zur gezielten Aufarbeitung des Themas statt.
- Nach dem Besuch wird in einem Transferworkshop der konkrete Nutzen herausgearbeitet und das Gelernte auf die eigenen Bedürfnisse angepasst.

Wir haben bereits einige Learning Journeys durchgeführt. Die Offenheit zum Austausch war verblüffend groß. Sofern das besuchte Unternehmen kein direkter Konkurrent ist, können beide Unternehmen nur profitieren.

Zielsetzung: Best-Practice-Austausch, Generieren von Ideen und Know-how, Herstellen von Veränderungsbereitschaft, Verbesserung der Dialogfähigkeit, Verringerung von Fehlversuchen, Erhöhung der Umsetzungsgeschwindigkeit zu Beginn von Veränderungsprozessen.

Ablauf

Die Problemstellung bzw. das Ziel (z. B. Einführung eines neuen Arbeitszeitmodells, Verbesserung der Innovationsfähigkeit, Aufbau eines Talent Managements, Verbesserung der Produktqualität) muss klar sein.

1. Die Projektgruppe recherchiert zur Problemstellung, welche Organisationen eine herausragende Lösung umgesetzt haben. Es wird eine Rangliste nach Besuchswunsch gebildet und Kontakt aufgenommen.
2. Vor dem Besuchstermin findet ein Vorbereitungsworkshop statt. Die Fragen an das zu besuchende Unternehmen werden definiert und auf die Teilnehmer verteilt. Jeder hat die Aufgabe, die eigenen Fragen beim Besuch anzubringen und die Antworten festzuhalten.
   Damit sich die Gesprächspartner des anderen Unternehmens vorbereiten können, werden die Fragen vorab an den dortigen Ansprechpartner versendet.
3. Der Besuch: Fragen, Fragen, Fragen!
   Am Ende des Besuchs sollte sich die Projektgruppe noch Zeit zur Zusammenfassung einplanen. Meist reicht dafür eine Stunde aus, um die neuen Informationen anzudiskutieren und aufzuschreiben. (Wir haben gute Erfahrungen gemacht, unsere Gastgeber um einen Besprechungsraum zu bitten.)
4. Transfer-Workshop: Spätestens zwei Wochen nach dem Besuch sollte der Transfer-Workshop stattfinden. Anhand der Fragen des Vorbereitungsworkshops werden die Informationen aus dem Besuch zugeordnet. Es wird geprüft, ob alle Teilnehmer dasselbe verstanden haben und abgeglichen. Wichtige, zusätzlich gewonnene Informationen werden ergänzt. Anschließend arbeiten die Teilnehmer an folgenden Fragen:
   – Wie passen die Informationen aus dem besuchten Unternehmen zu unseren Strukturen, zu unserer Organisation und zu unserer Kultur?
   – Was möchten wir auf unsere Problemstellung übernehmen? Und was sollten wir verwerfen?
   – Wie können wir die Informationen auf uns übertragen? Wie kann die Umsetzung bei uns aussehen? An welchen Stellen müssen wir nachjustieren?
   – Welche Hürden und Probleme gab es im besuchten Unternehmen? Wie können wir diese vermeiden oder zumindest verringern?
   Am Ende des Transfer-Workshops wird ein Aktionsplan erstellt, in dem die nächsten Schritte zur Umsetzung geklärt sind.

Zeitrahmen: 2 h für den Vorbereitungsworkshop, 0,5 Tage bis 1 Tag für den Besuch, 3 h für den Transfer-Workshop

Teilnehmerzahl: bis zu 8 Personen

Hilfsmittel: keine

Moderation: optional

5.10   Definition von Führungskompetenzen

Viele unserer Instrumente zielen auf die Entwicklung von Soft Skills ab. Um Veränderungen zu etablieren und ohne wieder in die alten Verhaltensmuster zurückzufallen, müssen strukturelle Veränderungen vorgenommen werden. Ein mögliches Instrument ist die *Definition von Führungskompetenzen*.

Die Führungskompetenzen der Organisation sind die kommunizierten Erwartungen der Organisation an deren Führungskräfte. Sind die Führungskompetenzen definiert und allen Führungskräften und Mitarbeitern der Organisation vertraut, ist damit die Erwartung an das Verhalten der Führungskräfte klar. Die Führungskräfte wissen, worauf sie Wert legen müssen, woran sie gemessen werden und haben „Leitplanken", in denen sie sich bewegen können. Das schafft für alle Beteiligten Klarheit, beugt Konflikten vor und gibt Ausrichtung. Die Führungskraft der Führungskraft kann anhand der festgelegten Führungskompetenzen Rückmeldung zum Verhalten geben. Mitarbeiter bekommen während des Recruitingprozesses bereits eine Vorstellung zur Zusammenarbeit mit der Führungskraft. Und: weitere Instrumente wie 360°-Feedback, Leadership Review, Mitarbeitergespräche, Mitarbeiterbefragungen, Personalentwicklung, Prämiensysteme können mit den Führungskompetenzen verknüpft werden.

Zielsetzung: Klarheit zu Erwartungen an das Führungsverhalten, Erhöhung der Dialogfähigkeit, Verbesserung der Zusammenarbeit, Steigerung der Wertschöpfung, strukturelle Verankerung der Werte, Verknüpfung von wertschöpfenden Instrumenten.

Konzept: Zur Definition von Führungskompetenzen gibt es Fachliteratur und Beratung. Der Definitionsprozess kann sowohl „top-down" durch die Geschäftsleitung oder auch „bottom-up" in einer Projektgruppe erfolgen. Bereits der Entstehungsweg sollte zu Ihrer Organisation passen. Ebenso gilt das für die Führungskompetenzen selbst. Sie sollten auf die Ziele und die Mission der Organisation ausgerichtet sein. Die dahinterstehende Frage lautet: Welche Kompetenzen benötigen unsere Führungskräfte, damit wir unserem Ziel näher kommen? Daraus

Tab. 5.1 Beispiele für Führungskompetenzen. (Eigene Darstellung)

Führungskompetenz	Verhaltensanker
Innovationsfähigkeit	• Entwickelt neue Ideen • Verbessert vorhandene Ideen • Ist bereit, neue Wege (mit-) zu gehen • Erkennt Innovationspotenzial • Treibt Innovationen voran • Verbessert Prozesse und Initiiert positive Veränderungsprozesse
Wertschätzung als Grundhaltung	• Respektiert andere • Zeigt Anerkennung für gute Arbeit • Geht mit Mitarbeitern (menschlich) auf Augenhöhe um • Führt angstfrei und baut Vertrauen auf • Nimmt sich Zeit für die Belange der Mitarbeiter • Fragt nach, bevor er urteilt
Kundenorientierung intern und extern	• Ist intern und extern dienstleistungsorientiert • Reagiert in angemessenem Zeitraum auf Anfragen und gibt Rückmeldung • Kennt die Kundenbedürfnisse und bezieht diese ein • Hält Zusagen ein und handelt verbindlich • Arbeitet mit angemessener Transparenz

ergeben sich wahrscheinlich 3 bis maximal 5 Kernkompetenzen, die speziell für Ihre Führungskräfte relevant sind (siehe Tab. 5.1).

5.11   Etablieren von Feedbackschleifen

Klar ist, Feedback ist wichtig. Unser persönlicher Eindruck ist, dass die Motivation, sich mit dem Thema Feedback auseinander zu setzen, eher gering ist. Obwohl beinahe jede Führungskraft bereits in einem Training etwas zu Regeln und Feedbackprozessen gehört hat, ist in den meisten Mitarbeiterbefragungen ein schlechtes Ergebnis darüber zu finden. Eine wirksame Feedbackkultur ist ein Erfolgsfaktor für wertschöpfende Führung und benötigt eine strukturelle Einbindung in den Arbeitsalltag.

(Mit Feedback ist in diesem Zusammenhang nicht nur Lob gemeint. Uns geht es vielmehr um eine kritische Auseinandersetzung, um die Fähigkeit, Themen oder Verhaltensweisen anzusprechen, die man als Hemmung der Wertschöpfung ansieht.

Feedback bedeutet, Kritik in einer wertschätzenden Form an einer anderen Person zu äußern. Es beinhaltet positive und negative Punkte.)
Das *Etablieren von Feedbackschleifen* kann in allen Regelkommunikations-prozessen erfolgen. Zu den Themen über das operative Arbeiten kommt eine kurze Rückmeldung auf der Metaebene. Sind begründete Zweifel vorhanden, dass gerade nicht auf die Ziele hingearbeitet oder nicht im Sinn der Unternehmensmis-sion gehandelt wird, so muss ausreichend Raum und eine konstruktiv, kritische Kultur vorhanden sein, diese zu äußern.

Sind die Feedbackschleifen ein ständiger Bestandteil der Kommunikation, haben alle Mitarbeiter und Führungskräfte kontinuierlich die Möglichkeit zur Reflexion und Weiterentwicklung. Die Organisation wir damit Schritt für Schritt effektiver und effizienter und etwas mehr zur lernenden Organisation.

Zielsetzung: Erreichen einer offenen und ehrlichen Feedbackkultur, Steigerung der Effizienz, Deeskalation von Konflikten, Verbesserung der Dialogfähigkeit, Aufbau von nährenden Feldern.

Aufbau

In alle Regelkommunikationsprozesse (Jour fixe, Mitarbeitergespräche, Abstim-mungsgespräche, Abteilungsbesprechungen, Projektmeetings usw.) wird eine Feedbackschleife integriert. Sie wird am Ende der Treffen zum festen Ablauf-bestandteil. Es müssen nur wenige Minuten reserviert werden. Die Beteiligten beenden den operativen Teil des Gesprächs und sprechen über die Qualität des Gesprächs und die Zusammenarbeit.

Als Hilfestellung können folgende Fragen dienen:

- Wie zufrieden bin ich mit dem Gespräch/der Zusammenarbeit? (Skala von 1 = sehr schlecht bis 10 = sehr gut)
- Wie zielführend war unser Gespräch/ist unsere Zusammenarbeit?
- Führen wir eher eine Debatte oder einen Dialog? War das für das Gespräch nützlich?
- Haben wir ein toxisches oder nährendes Feld aufgebaut? (siehe mehr dazu in Kap. 4)
- Welches Verhalten meines Gesprächspartners bringt uns näher zum Ziel? Und welches Verhalten hemmt die Zielerreichung? (Was schätze ich sehr, und wovon wünsche ich mir beim nächsten Treffen weniger?)
- Was können wir aus diesem Gespräch für unsere Zusammenarbeit lernen?
- Was machen wir zukünftig besser?

Feedback sollte stets in einem Vieraugengespräch gegeben werden. Nehmen an Besprechungen mehrere Personen teil, wird am Ende eine Person noch um etwas Zeit gebeten. Die anderen Teilnehmer verlassen den Raum. „Herr/Frau X, es ist mir wichtig, ‚besser zu werden'. Könnten Sie mir bitte eine kurze Rückmeldung geben?" So oder so ähnlich kann der Einstieg erfolgen.

Besteht die Antwort ausschließlich aus positiven Aspekten, kann nachgehakt werden: „Vielen Dank dafür! Ich möchte zukünftig etwas besser machen. Bitte sagen Sie mir auch einen kritischen Punkt!"

Je mehr sich die Feedbackschleifen etablieren, desto offener und einfacher wird der Umgang mit Kritikpunkten. Wichtig ist bei jedem Feedback: Es gibt keine Rechtfertigungen oder Erläuterungen durch den Feedbacknehmer. Das Feedback bleibt unkommentiert.

Literatur

1. Scharmer, O. (2014). *Theorie U: Von der Zukunft her führen: Presencing als soziale Technik*. Heidelberg: Carl-Auer.
2. Scharmer, O. (2015). Presencing Institute; Creative Commons Lizenz. www.presencing. com/permissions; www.presencing.com/principles.

Ausblick

6

Zusammenfassung

Beschleunigung, Dynamik, Wachstum und ständige Innovationsfähigkeit sind in unserer gegenwärtigen Wirtschaftsordnung als Faktoren gesetzt, um Stabilität zu erzeugen. Nur Profit als Unternehmensziel kann nicht nachhaltig für alle Stakeholder funktionieren. Das schließt sich aus.

Wenn nur die Unternehmensspitze „denkt" und alle anderen führen nach dem „command-and-control" Modus in unserer dynamischen Welt aus, dann wird in der Organisation die eigenen Handlungskompetenzen und Motivation sehr stark limitiert. Wenn nur ein Wettbewerber das anders angeht und mehr die Intelligenz seiner Organisation aktiviert, dann haben alle anderen im Markt ein Problem.

Führung für Wertschöpfung nutzt und entwickelt das eigene Potenzial im Dialog mit Stakeholdern mit dem Wissen um das eigene Geschäftsmodell weiter.

Es geht weniger um die wirklich perfekte Organisation, Führung oder das ideale Geschäftsmodell, als um kluge Anpassungsfähigkeit bzw. innovative Gestaltung all dieser Themenfelder zum Nutzen der Stakeholder.

Es ist ein wenig so, wie Victor Frankl es sinngemäß meinte: Glück kann nicht direkt angestrebt werden. Das kann sich nur durch ein „Tun" ergeben. Will ich Glück direkt erzeugen, bleibt nur der Weg über Drogen. Das hat allerdings ungewünschte Aus- und Nebenwirkungen.

Profit kann auch nicht direkt erzielt werden. Wir tun in manchen Organisationen so, als ob das ginge. Das hat auch ungewünschte Aus- und Nebenwirkungen. Die Symptome und Probleme kennen wir alle. Wir haben die Chance, das sinnvolle Tun wieder in den Mittelpunkt zu stellen. Nutzen für Kunden und Gesellschaft. Wirtschaft soll der Gesellschaft und damit den Menschen dienen.

Profit ist sehr wichtig für jedes Unternehmen, damit wieder reinvestiert werden kann. Doch nie als Zweck, sondern stets als Folge.

© Springer Fachmedien Wiesbaden GmbH 2017
C. Schlachte und S. Lobodda, *Führung und Wertschöpfung*,
DOI 10.1007/978-3-658-15654-1_6

Ein Umdenken bei Geldgebern, Geschäftsführern und Gesellschaft muss daher mehr einsetzen, um die Notwendigkeit und Sinnhaftigkeit zu verstehen, alle Stakeholder aktiv einzubeziehen, in der wirklichen Intention nachhaltige Win-win-Situationen herzustellen. Beispiele, die aufzeigen, dass dies funktioniert, gibt es genügend. Technik, kulturelle und demografische Entwicklungen, gesetzliche Vorgaben, etc. werden weiter für Dynamik in unseren Märkten und Gesellschaft sorgen.

Viele Aufgaben, die heute noch Menschen bewältigen, werden durch den technischen Fortschritt voraussichtlich immer mehr von Robotern oder „intelligenten Apps" übernommen. Routinetätigkeiten werden weiter automatisiert. Da stellt sich sicher auch die Frage, was mit den Mitarbeitern geschieht, die durch „intelligente Apps" ersetzt werden. Wollen, können und dürfen sich die Mitarbeiter weiter qualifizieren? Sollten die „intelligenten Apps" versteuert werden? Viele Antworten dazu werden von unserer Gesellschaft entwickelt werden müssen.

Wir Menschen können in Organisationen da einen Unterschied machen, wo es darum geht, Komplexität gut zu handhaben und innovativ zu sein. Es geht darum, diese Handlungskompetenzen mit den eigenen Mitarbeitern stetig weiter zu entwickeln. Dazu sind gezielte Investitionen in die professionelle Weiterentwicklung der Handlungskompetenzen aller Mitarbeiter nötig.

Es gibt nicht die Organisation, die alle Probleme löst. Jede agile und wertschöpfende Organisation hat auch ihre Schattenseiten. Geschäftsführer, Führungskräfte und Mitarbeiter müssen ihre Denk- und Verhaltensmuster in Bezug auf Führung und Zusammenarbeit neu ausrichten. Das sind nicht nur aktive Lern-Prozesse sondern auch „Verlern-Prozesse" alter Muster, der Zusammenarbeit (z. B. command-and-control loslassen). Das gelingt nicht von heute auf morgen. Vielleicht gelingt das auch nicht in allen Bereichen der Organisation. Vielleicht braucht es das auch nicht in allen Bereichen.

Agile Organisationen brauchen viel mehr Abstimmungs- und Integrationsleistungen, wenn mehr selbstorganisiert und mit Selbstverantwortung mit allen Stakeholdern gearbeitet wird.

Zielkonflikte und Widersprüchlichkeiten wird es in arbeitsteiligen Organisationen immer geben. Es gilt, sie anzunehmen und sie klug als Chancen zu nutzen.

Führung für Wertschöpfung ist in unserer heutigen dynamischen Zeit nach unserer Auffassung die einzige Möglichkeit, im Markt zu bleiben und einen Unterschied für Kunden zu machen.

Führung für Wertschöpfung erzeugt Resonanz, indem mit allen Stakeholdern Abstimmungs- und Feedbackprozesse stattfinden. Alle Mitarbeiter können sich im Sinne der Unternehmensmission aktiv einbringen und sich so als wirksam in der Organisation erleben. Mitarbeiter führen in dem Sinne über ihre Aufgaben und Verantwortlichkeiten. Sie haben Wertschöpfung im Fokus. Dadurch erleben sie Resonanz.

Kunden und Gesellschaft können im Rahmen der Mission auf die Erbringung von Wertangeboten im Sinne aller Stakeholder vertrauen. Es gibt transparente Möglichkeiten, konstruktive Kritik und Verbesserungsideen dialogisch einzubringen. Führung für Wertschöpfung ist innovativ. Es wird der Rahmen geschaffen, dass Mitarbeiter innovativ sein können. Das Geschäftsmodell (Business Modell Canvas) und Wertangebote sind kein Hexenwerk; sondern viele in der Organisation verstehen, den eigenen Wertschöpfungsprozess im Zusammenhang mit Kunden und Märkten einzuordnen. Es gibt Räume, um kontinuierlich an Verbesserungen und Innovationen zu arbeiten.

Führung für Wertschöpfung ist dialogisch und konstruktiv. Die Haltung zu Menschen entspricht dem der Theorie Y. Mit Menschen wird kränkungsfrei gearbeitet. Führung für Wertschöpfung achtet auf die Entwicklung von „nährenden" Feldern.

Es kann sein, dass nicht alle Mitarbeiter die neue Führung und Ausrichtung mitgehen wollen und können. Bieten Sie Unterstützung und Möglichkeiten, entsprechende Handlungskompetenzen zu entwickeln. Manchmal, wenn die Mission beidseitig nicht passt und ein Mitmachen in gewünschter Weise nachhaltig nicht funktioniert, ist es sinnvoll, getrennte Wege zu gehen.

Nur Appelle „wertschöpfender" oder „agiler" zu arbeiten werden nicht reichen. Passen Sie Ihre Prozesse, Strukturen und Spielregeln für mehr Wertschöpfung an, und bleiben Sie dabei flexibel! Machen Sie Experimente. Das lädt ein zum Mitmachen und bietet Chancen zum Anpassen an aktuelle Arbeits- und Marktsituationen.

Hüten Sie sich vor Beratern und Konzepten, die die „optimale" Organisation und das ideale Führungsmodell versprechen. Jede Organisationsform und Führungsmodell hat seine Stärken aber auch Schattenseiten. Was ist aktuell ein guter Entwicklungsschritt für Ihre Organisation in ihrem Markt?

Führung für Wertschöpfung ist zukunftsorientiert und stellt sich selbst immer wieder kritisch infrage. Sie weiß, dass Zielkonflikte und Widersprüche in Organisationen unvermeidlich sind. Sie weiß, dass Fehler passieren, dass Projekte nicht immer rund laufen. Das Verneinen, dass es diese Probleme in Organisationen gibt, ist aus unserer Sicht, ein großes Problem. Das führt zur Vertuschung, zur Suche nach „Schuldigen" statt mehr die organisatorischen Strukturen, Prozesse und Spielregeln zu analysieren und gegebenenfalls anzupassen.

Es geht darum, wertschätzende und konstruktive Diskurse mit den Stakeholdern zu führen, um Herausforderungen, Probleme und Chancen angemessen anzugehen.

Das können einige wenige Führungskräfte nicht leisten. Dazu braucht es ein Netzwerk von Gleichgesinnten, die über Aufgaben und Verantwortlichkeiten aktiv, konstruktiv und vertrauensvoll das „Große und Ganze" voranbringen. Diese können aus unserer Sicht mit dem Instrument des lateralen Führens über die Einflussmöglichkeiten von Verständnis, Vertrauen und Macht im Sinne der Mission handeln.

Wertschöpfend handlungsfähig sein, ist in unserer dynamischen Welt eine zentrale Aufgabe von Führung.

Sicher ist es auch wichtig für alle Beteiligte am Wertschöpfungsprozess daran zu denken, dass das Leben nicht nur aus den Zielen der Organisation besteht. Nur gesunde Mitarbeiter können nachhaltig gute Arbeit leisten. Es braucht Zeit für Regeneration. Alle Mitarbeiter verfolgen hoffentlich auch ihre individuellen Bedürfnisse und Ziele aus anderen Bereichen des Lebens, wie Familie, Freunde, Hobbys und Glauben, bzw. Spiritualität. Achten Sie gut auf sich und Ihre Mitarbeiter, um fit und gesund zu sein.

Resonanz und Experimente für die Zukunft

Wir persönlich haben beide sehr von der Lernreise zu den *dm-drogerie märkten* profitiert. Erstmals haben wir eine Führung für Wertschöpfung in einem sehr großen Unternehmen, bzw. Konzern erlebt. Der Hauptunterschied war die erlebte Dialogkompetenz unserer Gesprächspartner, darunter ein Vorstand. Dieser erzählte uns auch, dass bei den dm-drogerie märkten eine Besonderheit gegenüber anderen Unternehmen deutlich wird. Die Abstimmungen kosten Zeit. Dafür schaffen sie es mehr Potenzial zu entfalten und haben weniger Eskalationsprozesse.

Wir erfuhren also, dass es auch in Konzernen geht. Wir machten Experimente und konnten so auch positive Erfahrungen gewinnen. Auch skeptische Teilnehmer konnten überzeugt werden.

Für den Mittelstand und auch KMUs hatten wir schon vorher die Überzeugung, dass es grundsätzlich möglich ist, Führung und Zusammenarbeit anders und wertschöpfender zu gestalten.

Unsere dynamische Welt braucht noch Menschen, die in Organisationen mit Ideen Verbesserungen und Innovationen nach vorne bringen. Für gute Ideen brauchen wir mehr Menschen, die in diesen Domänen zu Hause sind und mit anderen diese Handlungskompetenzen weiterentwickeln. Kooperativ, nachhaltig und wertschöpfend für Kunden und Gesellschaft. Das geht sicher nicht ohne Konflikte mit den Stakeholdern. Doch das kann ein Motor sein, um noch bessere Ideen zu entwickeln. Wir sehen darin Chancen.

Heute gibt es schon zahlreiche Beispiele von Organisationen, die anders arbeiten. Die ihre Mission in den Mittelpunkt stellen und dabei alle Stakeholder und damit auch die eigenen Mitarbeiter in einem Win-win-Wertschöpfungsprozess einbinden. Es gelingt immer mehr Organisationen, das erfolgreich anzugehen.

Doch das ist nur Wissen. Vielleicht spannend? Doch davon alleine wird sich nichts ändern. Konkretes Tun schafft Handlungskompetenz. Sie müssen aktiv werden. Führung für Wertschöpfung ist nicht delegierbar. Die Geschäftsführung muss mitmachen. Sie ist Ausgangspunkt, um die Mehrheit in der Organisation für diese Idee zu gewinnen und möglicherweise neu auszurichten.

Das Finden von mehr Resonanz und Sinn führt zu weiteren Entwicklungen. Ein Beispiel ist diese Initiative, die sich für die Mehrung des Gemeinwohls sehr konsequent einsetzt: https://www.ecogood.org/

„Gemeinwohl-Ökonomie bezeichnet ein Wirtschaftssystem, das auf Gemeinwohl fördernden Werten aufgebaut ist. Die Gemeinwohl-Ökonomie ist ein Veränderungshebel auf wirtschaftlicher, politischer und gesellschaftlicher Ebene – eine Brücke von Altem zu Neuem." Es geht darum, kooperativ, nachhaltig fair und demokratisch im Markt zu agieren.

Uns hat es überrascht, dass sich unter den Mitgliedern auch über 2000 Wirtschaftsunternehmen befinden. Darunter ist die *Sparda-Bank München*. Sie sind dem Gemeinwohl verpflichtet und lassen sich über die Gemeinwohl-Bilanz transparent bewerten. Die Kriterien und Bewertungen befinden sich offen auf der Homepage der Sparda Bank München.

Wir finden, dass dies eine spannende Entwicklung ist. Nicht jede Organisation muss aus unserer Sicht da Mitglied sein. Spannend ist, dass sich so viele Menschen und Organisationen dafür interessieren und in diesen Kategorien über ihre Organisation, Wirtschaft und Gesellschaft nachdenken.

Wir möchten Sie mit diesem Buch einladen, den Weg des wertschöpfenden Arbeitens im Kontext einer gelebten Unternehmensmission für Ihre Stakeholder anzugehen.

Wenn Sie in Resonanz zu den Inhalten gehen, dann machen Sie konkrete Experimente und eigene Erfahrungen, um wertschöpfender für Ihre Kunden, Märkte und Gesellschaft zu arbeiten. Machen Sie mehr davon, wenn es für Sie und Ihre Stakeholder funktioniert. Zukunftsfähig sein, heißt in unserer komplexen Welt flexibel zu sein.

Mit Führung für Wertschöpfung haben Sie die Chance Ihren Weg mit Ihren Mitarbeitern und Stakeholdern zu machen und zukunftsfähig zu bleiben. Sicher ist, auch dieser Schritt wird irgendwann wieder überdacht und neu bewertet werden. Entwickeln und bewahren Sie sich daher Ihre Diskurs Fähigkeiten im Unternehmen, um immer wieder das eigene Denken und Handeln infrage zu stellen und kommen Sie dann ins Handeln. Dafür haben wir Ihnen mit diesem Buch Anregungen und Vorgehen angeboten.

Was ist Ihr nächster konkreter Schritt, bzw. was kann ein erstes Experiment für Sie und Ihre Organisation sein, um mehr wertschöpfender für Ihre Stakeholder zu agieren?

Lassen Sie uns und andere Leser an Ihren Erfahrungen teilhaben: https://www.wertschopfendefuhrung.de

The manufacturer's authorised representative in the EU is Springer
Nature Customer Service Centre GmbH, Europaplatz 3, 69115 Heidelberg,
Germany. If you have any concerns regarding our products, please
contact ProductSafety@springernature.com

Printed and bound by CPI Group (UK) Ltd, Croydon, CR0 4YY

28/04/2026

02098481-0009